高职高专汽车检测与维修技术专业系列规划教材

汽车自动变速器原理与维修

主　编　余　烽　屈　贤
副主编　谢　军　赖诗洋　李前坤

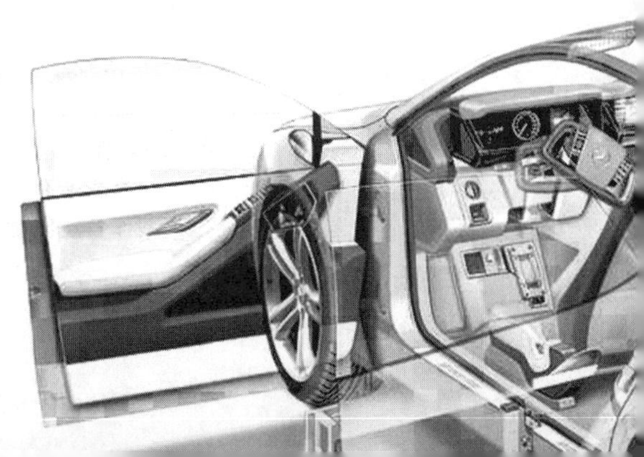

重庆大学出版社

内容提要

本书系统地介绍了汽车自动变速器的基本结构和工作原理,并根据汽车自动变速器的维修经验列举了大量的故障现象和诊断方法。全书共8大情境,主要包括自动变速器的认知、液力耦合器和液力变矩器、齿轮传动机构、换挡执行机构、组合行星齿轮系统、液压控制自动变速器、电子控制自动变速器和自动变速器的调试与故障诊断。在各个情境中,介绍了汽车自动变速器检修设备及使用等知识,并将相关使用融入各个情境的故障诊断及分析中。

本书可作为高职高专院校汽车检测与维修技术专业、汽车运用技术专业及汽车电子技术专业的教材,也可供汽车修理行业的相关人员参考。

图书在版编目(CIP)数据

汽车自动变速器原理与维修/余烽,屈贤主编.--重庆:重庆大学出版社,2019.2
高职高专汽车检测与维修技术专业系列教材
ISBN 978-7-5689-1262-4

Ⅰ.①汽… Ⅱ.①余… ②屈… Ⅲ.①汽车—自动变速装置—高等职业教育—教材②汽车—自动变速装置—车辆修理—高等职业教育—教材 Ⅳ.①U463.212 ②U472.41

中国版本图书馆 CIP 数据核字(2018)第167285号

汽车自动变速器原理与维修

主 编 余 烽 屈 贤
副主编 谢 军 赖诗洋 李前坤
策划编辑:曾显跃
责任编辑:姜 凤 版式设计:曾显跃
责任校对:邬小梅 责任印制:张 策

*

重庆大学出版社出版发行
出版人:易树平
社址:重庆市沙坪坝区大学城西路21号
邮编:401331
电话:(023)88617190 88617185(中小学)
传真:(023)88617186 88617166
网址:http://www.cqup.com.cn
邮箱:fxk@cqup.com.cn(营销中心)
全国新华书店经销
重庆市国丰印务有限责任公司印刷

*

开本:787mm×1092mm 1/16 印张:10.25 字数:258千
2019年2月第1版 2019年2月第1次印刷
印数:1—3 000
ISBN 978-7-5689-1262-4 定价:29.00元

前 言

随着我国汽车工业的高速发展,汽车行业对汽车专业性人才的需求就显得极为迫切。为了更好地贯彻落实《国务院关于大力发展职业教育的决定》和教育部等部委《关于实施职业院校制造业和现代服务业技能型紧缺人才培养培训工程的通知》精神,适应汽车工业飞速发展和汽车类专业技能型紧缺人才培养的需要,特编写本教材。

"汽车自动变速器原理与维修"是汽车类专业的核心课程之一,主要内容包括自动变速器的认知、液力耦合器和液力变矩器、齿轮传动机构、换挡执行机构、组合行星齿轮系统、液压控制自动变速器、电子控制自动变速器和自动变速器的调试与故障诊断等八大学习情境。

在习近平新时代中国特色社会主义思想指导下,落实"新工科"建设新要求,为了满足当前社会的需要并结合职业学院学生的实际情况,在编写过程中,做到理论与实操、传统技术与新技术相结合。本书文字简洁,通俗易懂,图文并茂,形式生动,可较好地培养学生的学习兴趣,提高学生的动手能力。

全书分为 8 个情境,23 个任务。其中,情境 1、2 由余烽、赖诗洋编写;情境 3、4 由谢军、屈贤编写;情境 5、6 由余烽、李前坤编写;情境 7、8 由屈贤、余烽编写。

全书由重庆工程职业技术学院余烽、屈贤担任主编,谢军、赖诗洋、李前坤担任副主编。在此,特别感谢重庆成空亚飞汽车服务有限公司、重庆万家雅迪汽车销售服务有限公司等校企合作单位提供的真实案例。

在本书的编写过程中,还参考了大量国内外相关著作和文献资料,在此,向相关作者表示真诚的感谢!

由于编者水平有限,书中不妥之处在所难免,恳请读者批评指正。

编　者

2018 年 8 月

目录

情境 1　自动变速器的认知 ………………………… 1
任务 1.1　自动变速器的发展史 ………………………… 1
任务 1.2　自动变速器的功用及分类 ………………………… 7
任务 1.3　自动变速器的控制原理 ………………………… 13
任务 1.4　自动变速器的使用 ………………………… 16

情境 2　液力耦合器和液力变矩器 ………………………… 21
任务 2.1　液力耦合器的结构及工作原理 ………………………… 21
任务 2.2　液力变矩器的结构及工作原理 ………………………… 26

情境 3　齿轮传动机构 ………………………… 32
任务 3.1　定轴（平行轴）齿轮变速机构 ………………………… 32
任务 3.2　行星齿轮变速机构 ………………………… 34

情境 4　换挡执行机构 ………………………… 42
任务 4.1　离合器 ………………………… 42
任务 4.2　制动器 ………………………… 48
任务 4.3　单向离合器 ………………………… 51

情境 5　组合行星齿轮系统 ………………………… 55
任务 5.1　辛普森式行星齿轮机构 ………………………… 55
任务 5.2　拉维娜式行星齿轮机构 ………………………… 62

情境 6　液压控制自动变速器 ………………………… 70
任务 6.1　液压控制系统的组成 ………………………… 70
任务 6.2　液压泵及其检修 ………………………… 73
任务 6.3　控制机构 ………………………… 82

情境 7　电子控制自动变速器 …………………………… 104
任务 7.1　电子控制系统的组成 …………………………… 104
任务 7.2　ECU 及其控制电路的工作原理 …………… 112
任务 7.3　电子控制系统元件的检修 ……………………… 116

情境 8　自动变速器的调试与故障诊断 ……………………… 125
任务 8.1　自动变速器的基本检修与调整 ………………… 125
任务 8.2　自动变速器常见试验 …………………………… 131
任务 8.3　自动变速器的拆装 ……………………………… 140
任务 8.4　常见故障的诊断与排除 ………………………… 145

参考文献 …………………………………………………… 158

情境 1

自动变速器的认知

目前,汽车上的动力装置主要采用的是内燃机,而内燃机的转矩和转速范围较小,不能适应汽车行驶时车速的改变和牵引力的变化。因此需采用变速器来改变发动机和车轮之间的转速比,使发动机工作在合理的范围内,从而提高汽车的动力性。变速器在此起着关键性的作用,而自动变速器还能提供更好的驾驶体验。

任务 1.1　自动变速器的发展史

学习目标

完成本任务后,应达到以下知识目标和能力目标。

【知识目标】

- 了解汽车自动变速器的发展历程;
- 熟悉各类自动变速器的应用车型。

【能力目标】

- 能正确地描述自动变速器技术的应用状况。

任务引入

目前采用自动变速器的汽车越来越多,请举例说明哪些车型采用的是液力自动变速器(AT)、电子控制机械式自动变速器(AMT)、金属带式无级自动变速器(CVT)。

任务实施

汽车变速箱发展了100多年,主要经历了从手动变速器到自动变速器的发展过程,其外形如图 1.1 所示。

目前世界上使用最多的汽车变速器为手动式变速器(MT)、液力自动变速器(AT)、电子控制机械式自动变速器(AMT)、双离合自动变速器(DCT)、金属带式无级自动变速器(CVT)5 种形式。

(a)手动变速器

(b)自动变速器

图 1.1　手动变速器和自动变速器外形

1.1.1　手动式变速器(MT)

1889 年,法国研制成功的齿轮变速箱是手动变速器的雏形,最早也称为有级式变速箱,后来称为手动式变速器(Manual Transmission,MT),如图 1.2 所示。此后,它经历了近一个多世纪的发展,一直受到喜欢动感操控的人们所喜爱。

手动式变速器被广泛运用于各档次的车上,具体应用车型不胜枚举,但由于其换挡的顿挫感比较明显,在高档商务用车上已逐渐被相对舒适的自动变速器所取代。

1.1.2　液力自动变速器(AT)

1908 年,福特 T 型汽车最早应用了一种只有两个速率比的自动变速器。液力自动变速器(Automatic Transmission,AT)在结构和使用上与手动变速器(MT)有着很大的不同,如图 1.3 所示。

图 1.2　手动式变速器

图 1.3　液力自动变速器

手动变速器主要由齿轮和传动轴等组成,通过不同的齿轮组合达到变速变矩的目的。而液力自动变速器由液力变扭器、行星齿轮和液压操纵系统组成,通过液力传递和齿轮组合的方式来达到变速变矩的目的。

虽然液力自动变速器具有不用操作离合器、挡位少、变化大、操作容易等特点,但由于液力自动变速器通常有自身带来的动力损耗，不仅对速度变化反应较慢，而且不经济，传动效率低且变矩范围有限，所以主要适用于2.0L以上的中高档轿车，如瑞虎、帕萨特等车型。

另外，由于其机构复杂，所以修理十分困难，售后成本也很高。

1.1.3　电子控制机械式自动变速器(AMT)

近年来，电子控制机械式自动变速器(Automated Manual Transmission, AMT)由于具有手动变速器的高效率性及液力自动变速器自动换挡的方便性，已迅速在欧洲市场崛起，其外形如图1.4所示。

图1.4　电子控制机械式自动变速器

电子控制机械式自动变速器在1997年用于F1赛车上，并越来越受到世界各国的重视，它在手动变速器总体传动结构上加装微机控制的自动操纵系统，实现换挡的自动化。

电子控制机械式自动变速器不仅能自动离合，也能自动换挡。传动效率与手动变速器相近，比液力自动变速器高7%以上，而生产成本则比液力自动变速器要低30%以上，维修成本低60%以上。

电子控制机械式自动变速器最早于1989年首次被法拉利车队使用，随后宝马、奔驰、雷诺、兰博基尼、奥斯顿马丁、阿尔法罗密欧等公司也都使用电子控制机械式自动变速器产品。

将自动变速器智能化，并且普及到大众化的汽车上，是法国人的功劳。1997年标致206与雷诺Clio率先采用了最先进的计算机控制技术，将"模糊逻辑"应用在自动变速器中。

这样的汽车可根据驾车者的性情、路面的状况、车身的负荷乃至周边环境等多种因素，挑选最适合的功能，实现智能化驾驶，以充分发挥车辆的性能，降低油耗，确保安全。

1.1.4　双离合自动变速器(DCT)

20世纪90年代末期，大众公司和博格华纳携手合作生产的第一个适用于大批量生产和应用于主流车型的双离合变速器(Dual Clutch Transmission, DCT)，其外形如图1.5所示。

双离合自动变速器技术使得手动变速箱具备自动性能，同时大大改善了汽车的燃油经济性。该技术可以保证变速箱在换挡时消除汽车动力中断现象。

博格华纳开发的湿式双离合自动变速和控制系统已于2003年批量生产，称为直接换挡变速器(Direct Shift Gearbox, DSG)，最先应用于2003款大众高尔夫R32和奥迪TT上。博格华纳的双离合自动变速器因其产品创新和加工精细而赢得了2005年度北美供应商超级大奖。

市面上常见的双离合自动变速器有大众DSG双离合器变速箱、沃尔沃POWERSHIFT双离合器变速箱、保时捷PDK双离合器变速箱、三菱TC-SST双离合器变速箱等。

对大众DSG双离合器变速箱，很多人认识的双离合变速器就是从DSG开始。当然，大众的"双离合"也是比较有代表性的，旗下大部分进口车也都配有DSG，如高尔夫GTI、EOS等车型。

图 1.5　双离合自动变速器

不过,现今大众汽车共有两款 DSG 双离合变速器,在大众内部代号分别为 DQ250 和 DQ200,从直观数据上分析,代号 DQ250 的 DSG 有 6 个挡位,能承受的最大扭矩为 350 N · m,主要用于高排量或主打操控性的车型,如高尔夫 GTI 和 09 款迈腾;而 DQ200 则有 7 个挡位,能承受的最大扭矩为 250 N · m,主要搭载于中低排量的车型,如高尔夫 6、速腾等车型。

沃尔沃 POWERSHIFT 双离合器变速箱与大众所采用的干式离合器的 DSG 变速箱不同,POWERSHIFT 所采用的是湿式双离合器,是将离合器片浸泡在机油中来对其进行冷却。离合器可以将动力输送给 6 个挡位中的任何一个,由计算机控制的离合器根据汽车速度和转速对驾驶者的换挡意图做出判断,可以预选择下一挡位从而实现挡位的快速切换。

由于 POWERSHIFT 变速箱可以设定在计算机控制的“自动”模式之下,或者利用方向盘上的拨片来实现手动换挡。搭载 2.0L 四缸涡轮柴油的 C30、S40 和 V50 是首批配备这种变速箱的车型。虽然这台发动机的最大功率和扭矩分别为 100 kW 和 320 N · m,但这种双离合变速箱可承受的最大扭矩输出达到 450 N · m。

保时捷 PDK 双离合器变速箱其原名为保时捷 Doppel Kupplungen(双离合器变速系统的德文),而 PDK 便是取名自德文原名中 3 个单词的首字母的组合。

据悉,这个全新的双离合器变速系统工作原理与 VW 集团的 DSG 相同,也同样具备附在方向盘后方的换挡拨片,让驾驶者手不需离开方向盘就可以进行换挡控制的功能。

PDK 双离合器变速箱同样具备两组离合器,分别负责奇数与偶数挡位,换挡速度要比现在大多数普通手动变速箱快很多。保时捷的大多数车型将 PDK 双离合器变速箱作为标准配备。

三菱 TC-SST 双离合器变速箱在工作原理上也是和 DSG 非常相似的,也同样是在奇数挡位和偶数挡位上各采用一个离合器,两个离合器会在同一时间各选择一个挡位。这样一来,汽车在脱离一个挡位后自动挂上下一挡,其换挡速度远快于手动操作速度,从而缩短了换挡延迟和动力损失。除换挡更加平稳外,TC-SST 还提高了 EVO 的加速度。

三菱 TC-SST 双离合器变速箱提供了 3 种换挡控制模式,分别适应不同的路面情况或驾驶风格。驾驶者通过操作杆底座旁边的开关即可轻松实现模式切换。

在市区内行驶时,可使用“普通模式”,该模式下换挡速度相对较慢,挡位切换更加温和平稳,燃油经济性较好。在此模式下发动机的声音相对比较小。

“运动模式”下挡位变化速度较快,适合于在蜿蜒的山路上进行手动操作。在此模式下发动机涡轮的轰鸣声才渐显出来。

“超级运动模式”下才能真正发挥出 EVO 的精髓,在小于 10 km 的时速下切换超级运动模式,这时从一挡起步,踏上油门在 7 000 转时自动换挡才能真正体会到 EVO 的魅力所在。轰鸣声、推背感、紧张刺激感在短短的两三秒钟随之而来。

虽然目前看双离合变速箱由于技术和成本方面的问题离我们稍稍有一段距离,但作为变速箱设计领域中一种新的、更好的解决方式,双离合系统已成为一种潮流。

1.1.5 金属带式无级自动变速器(CVT)

有挡位的自动变速器由于不能完全消除换挡时带来的顿挫感,于是金属带式无级自动变速器出现了,如图 1.6 所示。

图 1.6 金属带式无级自动变速器

1997 年,发明了上百年的无级变速器(Continuously Variable Transmission,CVT)开始迈向成熟,进入商业应用阶段。由两组变速轮盘和一条传动带组成,采用传动带和槽宽可变的棘轮进行动力传递。当棘轮的槽宽变化时,相应的驱动轮与从动轮上传动带的接触半径就变化了,传动比也就实现了变化。一般传动带用橡胶带、金属带和金属链等。很明显,CVT 是真正实现了传动比无级化,其优点是质量小、体积小、零件少。但 CVT 的缺点也很明显,价格昂贵、传动带易损坏,不能承受较大的载荷。

目前,国内采用 CVT 技术的主要有旗云 CVT、奥迪等。

任务实训

根据任务要求,在实训场地准备好设备及工具等,以小组讨论的方式制订详细的工作计划或操作流程(工序),对小组成员进行合理分工,实施计划,完成相关任务并记录。

<table>
<tr><td>任　务</td><td colspan="5">自动变速器的发展史</td></tr>
<tr><td>姓　名</td><td></td><td>班　级</td><td></td><td>学　号</td><td></td></tr>
<tr><td>实训场地</td><td></td><td>学　时</td><td></td><td>日　期</td><td></td></tr>
<tr><td>设备及工具</td><td colspan="5"></td></tr>
<tr><td>小组成员及分工</td><td colspan="5"></td></tr>
<tr><td colspan="5">工作计划(操作流程或工序)</td><td>结　果</td></tr>
<tr><td colspan="5"></td><td></td></tr>
<tr><td colspan="6">根据结果写出体会或学习计划</td></tr>
<tr><td colspan="6"></td></tr>
</table>

任务练习

一、填空题

1.主流的自动变速器有________、________、________、________。

2.市面上常见的双离合自动变速器有________、________、________、________。

二、问答题

1.简述手动变速器和自动变速器的优缺点。

2.变速器中 MT、AT、AMT、DCT、CVT 分别指什么?

任务1.2　自动变速器的功用及分类

学习目标

完成本任务后，应达到以下知识目标和能力目标。

【知识目标】

- 了解自动变速器的功用及分类；
- 能描述自动变速器的优缺点。

【能力目标】

- 理解液压自动变速器的工作过程。

任务引入

某客户在咨询汽车购买相关问题时，提及到底是选择手动变速器还是自动变速器，手动变速器省油还是自动变速器省油，各有哪些优缺点。针对这些问题，你能回答吗？

任务实施

从自动变速器的功用、分类、组成与优缺点对自动变速器进行初步认识。

1.2.1　自动变速器的功用

自动变速器即自动操纵式变速器，可根据发动机负载和车速等工况的变化自动变换汽车传动系统的传动比，使汽车具有良好的动力性和燃油经济性，提高了车辆的行驶安全性、乘坐舒适性和操作稳定性。因此，自动变速器的应用越来越广泛。

1.2.2　自动变速器的分类

(1)按传动机构的类型分类

1)平行轴式自动变速器

平行轴式自动变速器体积大，最大传动比小，目前只有少数几种车型在使用。其传动机构如图1.7所示。

2)行星齿轮式自动变速器

行星齿轮式自动变速器采用行星齿轮机构传动，通过换挡执行元件完成挡位的变换。其机构紧凑，能获得较大的传动比，为绝大多数轿车所采用。其传动机构如图1.8所示。

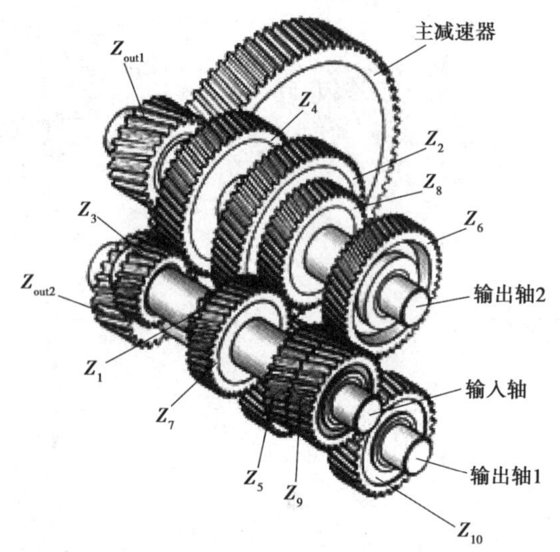

图 1.7 平行轴式自动变速器的传动机构

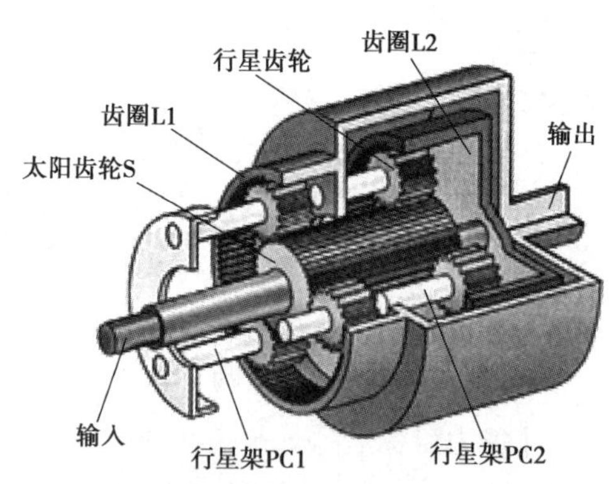

图 1.8 行星齿轮式自动变速器的传动机构

3)链条式自动变速器

链条式传动为新型的无级变速器,它只需两个滑轮和一个钢带就能实现无数个前进挡位的无级变速,如图 1.9 所示。

图 1.9 链条式自动变速器

(2)按控制方式分类

1)全液压控制自动变速器

全液压控制自动变速器通过汽车节气门开度和车速的变化引起控制系统的压力变化,并按照设定的换挡规律操作换挡执行元件实现自动换挡。其工作过程如图 1.10 所示。

2)电子液压控制自动变速器

目前大多数自动变速器都是电子液压控制自动变速器。电子液压控制自动变速器从传感器获得需要的节气门开度、车速、发动机转速、发动机冷却液温度和自动变速器液压油温度等参数,将其输入电控单元(ECU),电控单元根据设定的换挡规律向相应的电磁阀发出控制指令,电磁阀动作产生液压控制信号和液压调整信号,从而控制控制阀的正确动作,通过换挡执行元件实现自动换挡。其工作过程如图 1.11 所示。

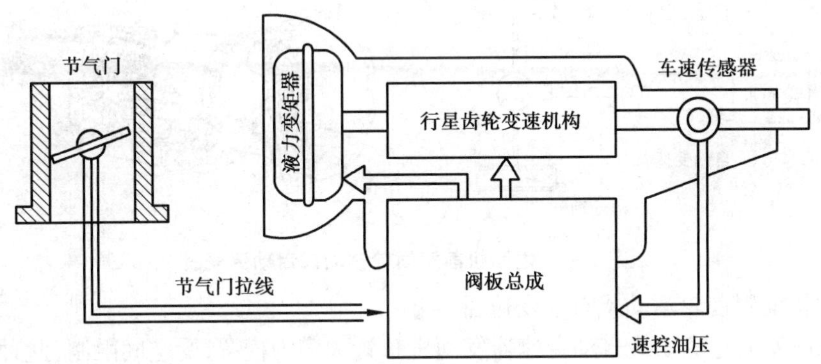

图1.10　全液压控制自动变速器的工作过程

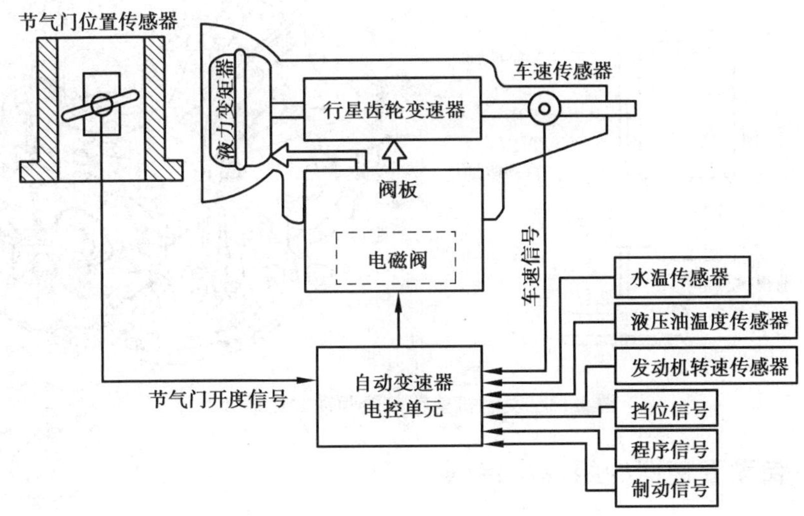

图1.11　电子液压控制自动变速器的工作过程

(3)按传动比变化是否连续分类

1)有级式自动变速器

有级式自动变速器采用齿轮变速机构的自动变速器,包括平行轴式和行星齿轮式,其各个挡位的传动比都是一个固定值。在各个挡位之间进行变动时,传动比是间断的。

2)无级式自动变速器

无级式自动变速器采用钢带或链条传动,主、从动带轮的槽宽(即带轮的直径)可以改变,从而实现传动比的改变。这种传动比的改变是在一定范围内连续、无间断的变化,是一种无级变速器,通常称为CVT变速器。

(4)按汽车的驱动方式分类

1)发动机前置后轮驱动式自动变速器

自动变速器的结构根据汽车发动机的布置和驱动方式的不同有其不同的特点。如图1.12所示,前置后轮驱动式的发动机采用的自动变速器可以有较多的空间布置,一般较长。

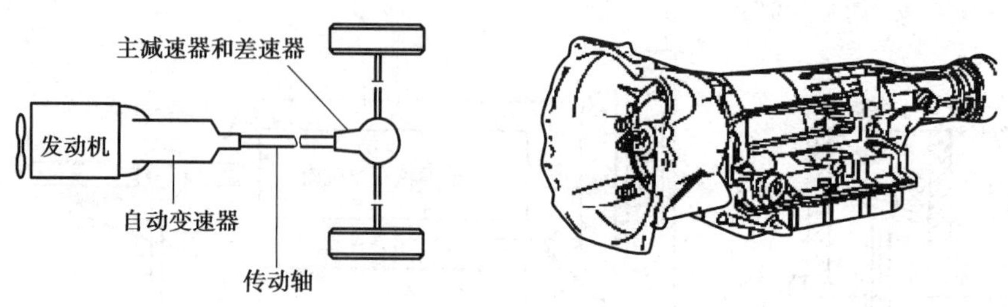

图 1.12　发动机前置后轮驱动式自动变速器

2)发动机前置前轮驱动式自动变速器

发动机前置前轮驱动式自动变速器发动机布置大多为横置,受空间限制,此种自动变速器大多短而粗,如图 1.13 所示。

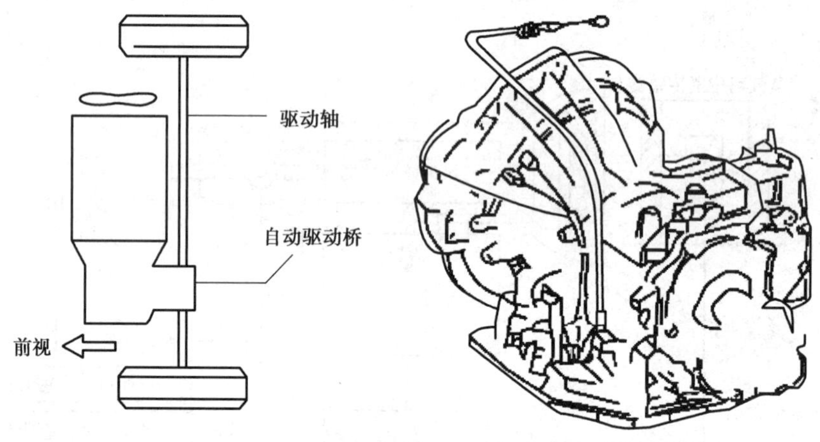

图 1.13　发动机前置前轮驱动式自动变速器

1.2.3　自动变速器的组成及特点

自动变速器主要由液力变矩器、变速机构、液压操纵系统、控制系统和冷却滤油装置等几个部分组成,如图 1.14 所示。

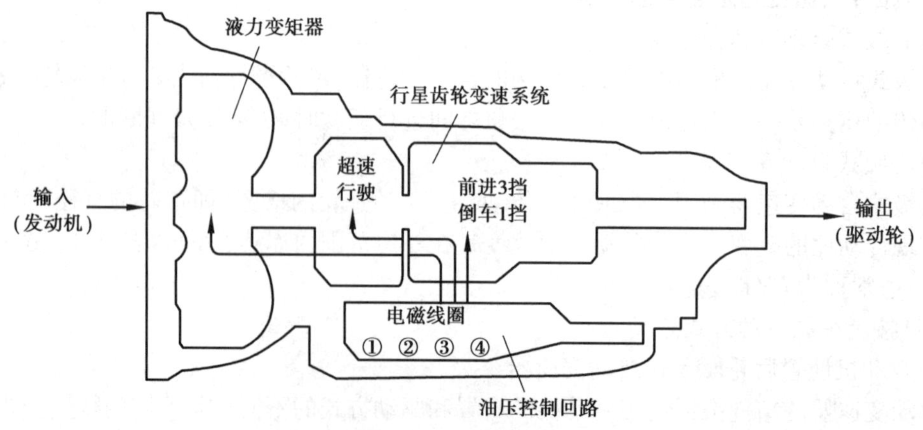

图 1.14　自动变速器的组成

1)液力变矩器

液力变矩器是自动变速器的核心部件,位于自动变速器最前端,安装在发动机飞轮上,利于液力传递动力,具有一定的减速增矩功能。

2)变速机构

变速机构包括传动机构(如辛普森式行星齿轮机构)和换挡执行机构(离合器、制动器、单向离合器)。传动机构一般有 3~4 个前进挡和 1 个倒挡。换挡执行机构可通过传动机构处于不同的啮合状态,进而实现不同的传动比。

3)液压操纵系统

液压操纵系统包括液压泵、阀体、电磁阀、液压管路等,用于控制自动变速器升降挡。

4)控制系统

自动变速器的控制系统有液压式和电子控制液压式。液压式控制系统包括许多控制阀组成的阀体总成和液压管路。电子控制液压系统除了阀体及管路外,还包括传感器、电控单元、控制电路和执行器等。

5)冷却滤油装置

冷却滤油装置包括冷油器和滤油器,用于控制油温和分离杂质。

1.2.4　自动变速器的优缺点

(1)自动变速器的优点

①良好的动力性和燃油经济性。自动变速器可以保证汽车在行驶时自动获得最佳的控制和操纵,从而获得最佳的经济性和动力性。

②更好的驾驶性能。由于可以自动进行控制和操纵,使汽车的驾驶性能和驾驶员的技术水平没有太大关系,因此特别适合非职业驾驶员。

③良好的行驶性能。自动变速器的挡位可以快速和平稳地转换,消除或降低动力传递系统中的冲击和动载,从而提高汽车乘坐的舒适性,同时延长发动机和传动系统零部件的寿命。

④提高行车的安全性。采用自动变速器后,可降低驾驶员的劳动强度,同时改善驾驶员在操纵中注意力分散的问题,因此可以提高行车的安全性。

⑤降低废气的排放。采用自动变速器,可保证发动机经常在经济转速区转动,尽可能地降低排气的污染。

(2)自动变速器的缺点

①结构复杂。自动变速器的结构较手动变速器复杂,从而导致生产成本较高,维修技术要求高。

②效率不够高。自动变速器与手动变速器相比,效率还不够高,特别是液力变矩器的效率较低。

任务实训

根据任务要求,在实训场地准备好设备及工具等,以小组讨论的方式制订详细的工作计划或操作流程(工序),对小组成员进行合理分工,实施计划,完成相关任务并记录。

<table>
<tr><td>任　务</td><td colspan="5">自动变速器的功用及分类</td></tr>
<tr><td>姓　名</td><td></td><td>班　级</td><td></td><td>学　号</td><td></td></tr>
<tr><td>实训场地</td><td></td><td>学　时</td><td></td><td>日　期</td><td></td></tr>
<tr><td>设备及工具</td><td colspan="5"></td></tr>
<tr><td>小组成员及分工</td><td colspan="5"></td></tr>
<tr><td colspan="5">工作计划(操作流程或工序)</td><td>结　果</td></tr>
<tr><td colspan="5"></td><td></td></tr>
<tr><td colspan="6">根据结果写出体会或学习计划</td></tr>
<tr><td colspan="6"></td></tr>
</table>

任务练习

一、填空题

1.若按传动机构的类型来对自动变速器进行分类,可分为________、________、________。

2.电子液压控制自动变速器需要获取________和________两个最为重要的信号。

二、问答题

1.简述自动变速器的功用。

2.描述自动变速器的组成及特点。

任务1.3　自动变速器的控制原理

学习目标

完成本任务后，应达到以下知识目标和能力目标。

【知识目标】

- 了解自动变速器的基本控制原理；
- 知道无级变速器的变速比范围，并能描述其实现过程。

【能力目标】

- 理解常见自动变速器的工作原理，并能表述清楚。

任务引入

某车主表明自己的汽车配备的是大众 DSG 变速器，想咨询 DSG 变速器属于哪种变速器，它的基本控制原理是什么。

任务实施

1.3.1　液控自动变速器工作原理

液控自动变速器的自动控制系统通常由供油、手动选挡、参数调节、换挡时刻控制、换挡品质控制等部分组成。

供油部分根据节气门开度和选挡杆位置的变化，将油泵输出油压调节至规定值，形成稳定的工作液压。

在液控自动变速器中，参数调节部分主要有节气门压力调节阀（简称节气门阀）和速控调压阀（又称调速器）。

节气门压力调节阀使输出液压的大小能够反映节气门开度，速控调压阀使输出液压的大小能够反映车速的大小。

换挡时刻控制部分用于转换通向各换挡执行机构（离合器和制动器）的油路，从而实现换挡控制。

换挡品质控制部分的作用是使换挡过程更加平稳柔和。

1.3.2　电控自动变速器控制原理

电控自动变速器中，驾驶员通过加速踏板和选择器（包括换挡范围、换挡规律、巡航控制等）向微控制器表达意图，大量传感器时刻掌握车辆状态，微机按存储在其中的最佳程序（最佳换挡规律、离合器最佳接合规律、发动机油门自适应调节规律）对油门开度、离合器接合以及换挡三者进行控制，实现最佳匹配，从而获得优良的行驶性能、平稳起步性能和迅速换挡的能力。其原理如图 1.15 所示。

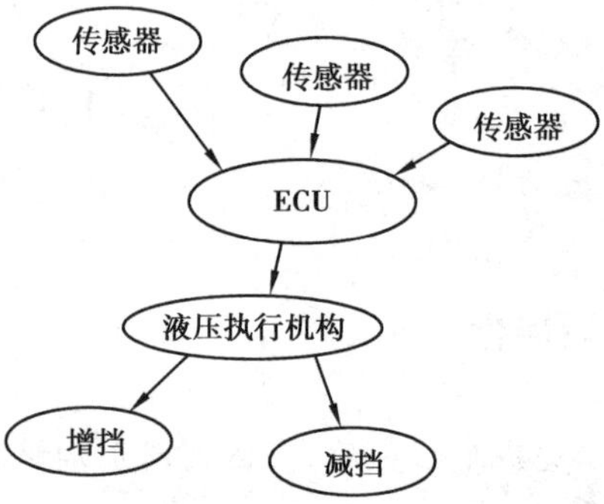

图 1.15　电控自动变速器控制原理

1.3.3　双离合器自动变速箱工作原理

双离合器自动变速箱将变速器按奇、偶数分别布置在与两个离合器所连接的两个输入轴上，通过离合器的交替切换完成换挡过程，实现了不中断动力换挡。

当变速器运作时，一组齿轮被啮合，而接近换挡时，下一组挡段的齿轮已被预选，但离合器仍处于分离状态。

当换挡时，一台离合器将使用中的齿轮分离，同时另一台离合器啮合已被预选，在整个换挡期间能确保最少有一组齿轮在输出动力，从而不会出现动力中断的状况。

为配合以上运作，双离合自动变速器的传动轴运动时被分为两部分：一是实心的传动轴；二是空心的传动轴。

实心的传动轴连接 1、3、5 挡及倒挡，空心的传动轴则连接 2、4 挡及 6 挡，两台离合器各自负责一根传动轴的啮合动作，引擎动力便会由其中一根传动轴做出无间断的传送，具体如图 1.16所示。

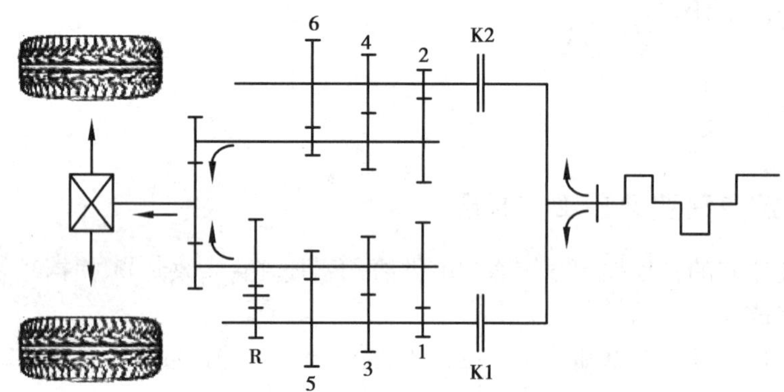

图 1.16　双离合自动变速器的工作原理示意图

1.3.4　机械式无级自动变速器工作原理

机械式无级自动变速器将发动机的动力经钢带和两个锥轮槽传递，由初级轮传递到次级轮，再经主减速器传递到驱动车轮，实现动力的传递。由于两皮带轮的中心距是固定的，但皮带轮在轴上的轴向距离是可变的，因此，钢带与带轮的接触半径是变化的，因此传动比是无级可调的，如图1.17所示。

图 1.17　机械式无级自动变速器的工作原理示意图

一般机械式无级变速器可提供的变化范围为 0.44~4.69，故它不能满足整车传动比变化范围的要求，所以需要在无级变速器输出后端加装主减速器，以便进一步减速增矩。

任务实训

根据任务要求，在实训场地准备好设备及工具等，以小组讨论的方式制订详细的工作计划或操作流程（工序），对小组成员进行合理分工，实施计划，完成相关任务并记录。

<table>
<tr><td>任　务</td><td colspan="5">自动变速器的控制原理</td></tr>
<tr><td>姓　名</td><td></td><td>班　级</td><td></td><td>学　号</td><td></td></tr>
<tr><td>实训场地</td><td></td><td>学　时</td><td></td><td>日　期</td><td></td></tr>
<tr><td>设备及工具</td><td colspan="5"></td></tr>
<tr><td>小组成员及分工</td><td colspan="5"></td></tr>
<tr><td colspan="5">工作计划（操作流程或工序）</td><td>结　果</td></tr>
<tr><td colspan="5"></td><td></td></tr>
<tr><td colspan="6">根据结果写出体会或学习计划</td></tr>
<tr><td colspan="6"></td></tr>
</table>

任务练习

问答题

1.简述双离合自动变速器和手动变速器的区别。

2.描述无级自动变速器的组成和工作原理。

任务 1.4 自动变速器的使用

学习目标

完成本任务后,应达到以下知识目标和能力目标。

【知识目标】

- 了解自动变速器的编号识别方法;
- 熟悉自动变速器的挡位及操作。

【能力目标】

- 能熟练掌握自动变速器的挡位含义,并能正确操作自动变速器。

任务引入

自动变速器中 P、R、N、D、2、1 等挡位分别代表什么?在行驶过程中,如何正确地选择这些挡位?

任务实施

1.4.1 自动变速器编号识别

汽车上的每一个部件都有型号代号,小到一颗螺钉大到一台发动机,当然变速器也不例外,这些部件都有它的型号代码,下面对变速器编号识别进行详细介绍。图 1.18 是某自动变速器的标牌信息。

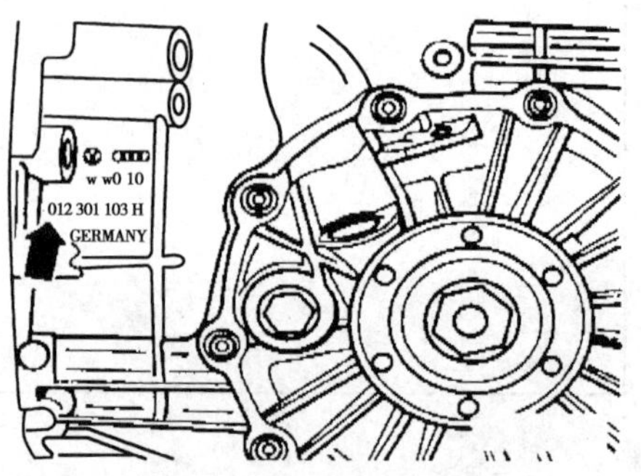

图 1.18 某自动变速器的标牌信息

自动变速器的型号主要代表以下内容:

(1)变速器的性质

变速器的性质主要是指自动变速器和手动变速器。一般用字母“A”表示自动变速器,用字母“M”表示手动变速器。

(2)自动变速器的生产公司

例如,德国 ZF 公司生产的自动变速器,其型号前面大多为“ZF”字样。

(3)驱动方式

驱动方式主要表明是前驱动还是后驱动。一般用字母“F”表示前驱动,字母“R”表示后驱动,但也有特殊情况,如丰田公司则用数字表示驱动方式,一部分四轮驱动车辆在型号后面附字母“H”或“F”表示。

(4)前进挡的挡位数

前进挡的挡位数主要是指自动变速器,包括前进挡位的数量,用数字表示。

(5)控制类型

控制类型主要说明变速器是电控、液控还是电液控制。电控一般用字母“E”表示,液控一般用“L”表示,电液控制一般用字母“EH”表示。

(6)改进序号

改进序号表示自动变速器是否在原变速器的基础上做过改进。

(7)额定驱动扭矩

在通用与宝马等公司自动变速器型号中有此参数。下面对几个公司的自动变速器型号作具体说明。

1)宝马 ZF4HP22-EH

ZF4HP22-EH 分别表示:ZF 公司生产,挡位数 4,控制类型“H”表示液控,齿轮类型“P”表示行星齿轮类,额定扭矩 22 N · m。系列号码的末尾“E”或“EH”分别表示电控或电液控制类型的变速器。

2)丰田自动变速器型号识别

丰田自动变速器型号可分为两大类:一类为型号中除字母外有两位阿拉伯数字;另一类为型号中除字母外有 3 位阿拉伯数字。

①型号中有两位阿拉伯数字:如 A40、A41、A55、A55F、A40D、A42DL、A43DL、A44DL、A45DL、A45DF、A43D 等。

字母“A”表示自动变速器。若左起第一位阿拉伯数字分为“1”“2”“5”,则表示该自动变速器为前驱动车辆用,即自动变速器内含主减速器与差速器,称为自动驱动桥。若左起第一位阿拉伯数字分别为“3”“4”,则表示该自动变速器为后驱动车辆用。左起第二位阿拉伯数字代表生产序号。

后附字母的含义如下:“H”或“F”表示该自动变速器用于四轮驱动车辆,“L”表示该自动变速器有锁止离合器。“E”表示该自动变速器为电控式,并且带有锁止离合器。若无“E”,则表示为全液控自动变速器。

②型号中有 3 位阿拉伯数字:如 A130L、A131(L)、A132(L)、140L、240L、A241L、A243L、A440L、A440F、442F、A340E、A340H、A340F、A341F、140E、A141E、A240E、A241E、A540E、540H 等。

其中字母“A”表示自动变速器,左起第一位阿拉伯数字及后附字母的解释同上。左起第二位阿拉伯数字代表该自动变速器包含前进挡的个数。左起第三位阿拉伯数字代表生产序号。

③特别说明:上述各型自动变速器中,A340H、A340F、A540H 型自动变速器,其后面均省

略了“E”,均为电控自动变速器,且带有锁止离合器。

A241H、A440F、45DF 型自动变速器,其后均省略了“L”,但均带有锁止离合器。若改进后的自动变速器,只增加了锁止离合器或增加了驱动轮的个数,其余未做改动,则只在原型号后加注 L、F 或 H,原型号不变。

3)克莱斯勒公司新型号自动变速器的识别

1992 年,克莱斯勒公司开始执行一套新的自动变速器识别型号,这套系统是由 4 个字母组成的识别系统,每个字母代表变速器的一个特性。

第一个字母代表变速器前进挡的挡位数。第二个字母代表输入转矩容量。从 0~2(从轻负荷至重负荷)是乘用车用的,从 0~7 是卡车用的。第三个字母代表车辆是前轮驱动还是后轮驱动,以及发动机在驱动系统中的位置。“R”表示后轮驱动车辆,“L”表示发动机纵置的前轮驱动车辆,“A”表示四轮驱动车辆。第四个字母代表变速器的控制类型。“E”表示电控,“H”表示液压控制。在这之后,克莱斯勒公司的变速器既可以根据旧型号识别,也可以根据新型号识别。

4)通用自动变速器型号识别

该公司自动变速器的型号主要有 4T60E、4L60E 等,从型号上可知此变速器的一些特点。

第一位阿拉伯数字表示前进挡的挡位数量。如上面的“4”表示四速,即有 4 个前进挡位数。

第二位字母表示驱动方式。如上面的“T”表示变速器为横置,“L”表示变速器为后置后驱动式。

第三、四位数字表示变速器的额定驱动扭矩。

第五位字母表示控制类型,“E”表示变速器为电子控制。

1.4.2 变速器型号的主要识别方法

(1)变速器铭牌识别法

在很多变速器壳体上都有一个小金属铭牌,上面一般标有自动变速器生产公司名称、型号、生产序号代码、液力变矩器规格等内容。

因此,可以很方便地通过这一铭牌来对自动变速器型号进型识别。例如,丰田 A341 自动变速器在铭牌栏中的字符为 03-41LE,宝马轿车自动变速器的铭牌上直接标有 ZF4HP-22 或 ZF5HP-18。

(2)壳体标号识别法

一部分变速器的壳体和油底壳等部位,在生产时将型号留在上面,因此可以很直观地识别出自动变速器的型号。例如,福特公司的 AXOD 自动变速器,在其端部的阀体油底壳上冲压有很大的“AXOD”字符。

(3)零部件特征识别法

汽车应用中常用一些有特征的部件来代指某一装置。为了区分和识别一些自动变速器的型号,常用其具有特殊形状及特征的部件来识别,如集滤器、油底壳、油底壳密封垫等。当然,也有用电磁阀个数及导线端子等进行区分和识别的。

(4)变速器结构特征识别法

除了可用上述零部件的特征对自动变速器进行识别区分外,还可根据自动变速器的一些独特的结构特征来对自动变速器进行识别。

①比如油底壳在上方的日产千里马 RE4F04A 自动变速器;

②有一大一小两个油底壳的宝马或欧宝 4L30E 自动变速器;

③有加长壳体的奔驰 S320 轿车的 722、502 五速自动变速器;

④外部有电磁阀体的克莱斯勒 41TE(A604)自动变速器;

⑤油底壳在前侧的马自达 626 轿车 GF4A-EL 自动变速器等。

(5)车型型号对照表

如果通过以上方法均不能准确地判断出自动变速器的型号,则可通过车型与变速器型号对照表进行查找。变速器的代号同时还标在汽车的数据铭牌上。

1.4.3　自动变速器挡位说明及操控

自动变速器挡位有 6 个位置和 7 个位置两种。

6 个位置的挡位标识一般是 P、R、N、D、2、1 位,有的厂家把 2 位标识为 S 位,把 1 位标识为 L 位。另外,有些还设有一个超速挡位选择开关 O/D。

7 个位置的挡位标识一般是 P、R、N、D、3、2、1 位,也有标识为 P、R、N、D4、D3、2、1 位。

选择挡位的手柄所处的位置由挡位指示器指示或在仪表上显示。

①P 位(停车挡位):当选挡手柄位于该位时,停车锁止机构将变速器输出轴锁止,驱动轮不能转动,以防汽车移动,同时换挡执行机构使自动变速器位于空挡状态。当选挡手柄离开停车挡位置时,停车锁止机构即被释放。

②R 位(倒挡位):当选挡手柄位于该位时,汽车可以倒退行驶。

③N 位(空挡位):当选挡手柄位于该位时,换挡执行机构使自动变速器处于空挡状态。此时,动力虽然经过输入轴传入自动变速器,但只能使齿轮空转,输出轴无动力输出。

④D 位(前进挡位):自动变速器一般设置 4 个前进挡位,其中 3 挡为直接挡,4 挡为超速挡。

⑤2 位或 S 位、1 位或 L 位:2 位或 S 位、1 位或 L 位均为强制前进挡。选挡手柄位于 S 位时,只能在 1~3 挡自动变速。选挡手柄位于 L 位时,自动变速器固定在 1 挡或只能在 1~2 挡自动换挡。

在变换选挡手柄位置时,必须先按下选挡手柄上方的选挡手柄锁止按钮,否则无法移动选挡手柄。

任务实训

根据任务要求,在实训场地准备好设备及工具等,以小组讨论的方式制订详细的工作计划或操作流程(工序),对小组成员进行合理分工,实施计划,完成相关任务并记录。

<table>
<tr><td>任　务</td><td colspan="5">自动变速器的使用</td></tr>
<tr><td>姓　名</td><td></td><td>班　级</td><td></td><td>学　号</td><td></td></tr>
<tr><td>实训场地</td><td></td><td>学　时</td><td></td><td>日　期</td><td></td></tr>
<tr><td>设备及工具</td><td colspan="5"></td></tr>
<tr><td>小组成员及分工</td><td colspan="5"></td></tr>
<tr><td colspan="5">工作计划(操作流程或工序)</td><td>结　果</td></tr>
<tr><td colspan="5"></td><td></td></tr>
<tr><td colspan="6">根据结果写出体会或学习计划</td></tr>
<tr><td colspan="6"></td></tr>
</table>

任务练习

问答题

1. 如何找到自动变速器的编号位置？
2. 自动变速器挡位中“2”“1”分别指什么？什么情况下选择这些挡位？

情境 2
液力耦合器和液力变矩器

液力耦合器又称液力联轴器,是一种用来将动力源与工作机连接起来,靠液体动量矩的变化传递力矩的液力传动装置。

液力变矩器是在液力耦合器的基础上进行改进的,由泵轮、涡轮、导轮组成的液力元件。安装在发动机和变速器之间,以液压油为工作介质,起传递转矩、变矩、变速及离合的作用。

任务 2.1　液力耦合器的结构及工作原理

学习目标

完成本任务后,应达到以下知识目标和能力目标。

【知识目标】

- 了解液力耦合器的结构;
- 熟悉液力耦合器的工作原理。

【能力目标】

- 能正确认知液力耦合器,并能描述液力耦合器的工作原理。

任务引入

液力耦合器是一种非刚性的动力传动装置,应用在冶金设备、矿山机械、电力设备、化工及各种工程机械中。那么,为什么这些领域会使用非刚性的动力传递装置呢?

任务实施

2.1.1 液力耦合器的结构

液力耦合器和液力变矩器均是以液体为工作介质的一种能量传递装置。对汽车自动变速器来讲，液力耦合器或液力变矩器安装在发动机曲轴后端的连接板上，如图 2.1 所示。

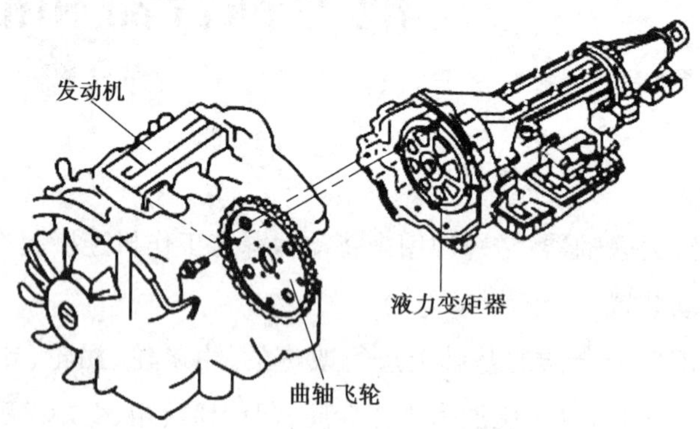

图 2.1 液力耦合器和液力变矩器的安装位置

液力耦合器由主动元件的泵轮、从动元件的涡轮和耦合器外壳组成，如图 2.2 所示。

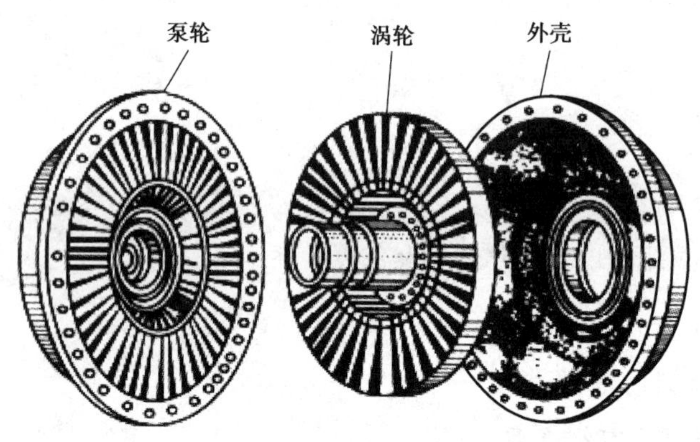

图 2.2 液力耦合器的结构

泵轮和涡轮是工作轮，均成盆形，内部排列有许多径向分布的辐射状叶片，一般用铝合金精密制成或采用薄钢板冲压焊接而成。

泵轮是液力耦合器的主动元件，它与液力耦合器外壳刚性连接，与发动机曲轴一起旋转。

涡轮是液力耦合器的从动元件，它与齿轮变速机构的输入轴相连。

泵轮与涡轮装在密封的液力耦合器外壳中，两轮对置安装，二者之间留有 3~4 mm 的间隙，没有刚性连接。

泵轮和涡轮装合后，形成环形空腔，内部充满自动变速器油。

2.1.2　液力耦合器的工作原理

液力耦合器的动力传递原理相当于两台相对放置的电风扇，如图 2.3 所示。其中一台通电运转，另一台未通电静止。

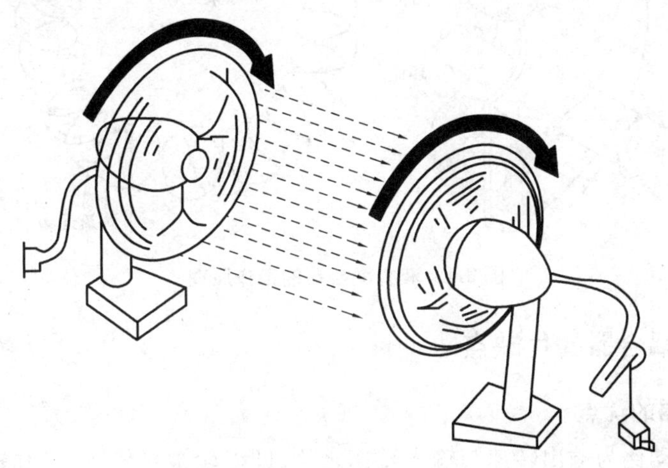

图 2.3　液力耦合器的动力传递原理

运转的电风扇叶片旋转，推动空气流动，吹向未运转的电风扇叶片，使未运转的电风扇也开始同向旋转。

液力耦合器的泵轮相当于运转的电风扇，涡轮相当于未运转的电风扇，ATF 液压油相当于空气。

液力耦合器泵轮在发动机的带动下旋转，泵轮叶片间的变速器油在泵轮的带动下同向转动。在惯性离心力的作用下，油液从泵轮中靠近旋转轴线的一侧，沿泵轮曲面向远离旋转轴线的一侧流动。

在液力耦合器中，由于主动件泵轮的转速始终要高于从动件涡轮的转速，同时，还因为泵轮和涡轮的径向尺寸相等，所以在两轮端面相对的间隙处存在着液体压力差，也正是在此压力差的作用下，油液才得以自泵轮外侧穿过两轮之间的间隙，强行进入涡轮。

然后，油液在涡轮曲面的引导下，向靠近涡轮旋转轴线的内侧流去，并最终再度穿过两轮之间的间隙，回流至泵轮内侧，形成所谓的旋转运动。

除了旋转运动外，油液在液力耦合器中还发生了沿另一条路径的流动，此即环流运动。

所谓环流运动，即油液在泵轮转动时，随其一起发生的沿围绕发动机曲轴和变速器输入轴轴线的环形路径的圆流动，如图 2.4 所示。

为了能形成环流运动，泵轮和涡轮之间必须存在转速差，即泵轮的转速必须大于涡轮的转速。转速差越大，泵轮外缘处与涡轮外缘处能量差越大，工作液传递的动力也越大。

若泵轮与涡轮两者转速相等，则泵轮与涡轮外缘处的能量差消失，循环圆内工作液的循环流动停止，液力耦合器就不能传递动力了。

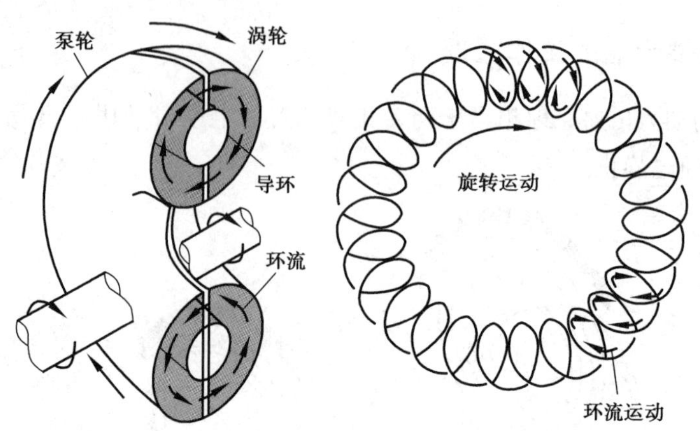

图 2.4　液力耦合器的工作原理

2.1.3　液力耦合器的优缺点

(1)液力耦合器的优点

①耦合器的传动比为输出转速与输入转速之比,即涡轮被泵轮驱动,其转速呈连续变化,故传动比也连续改变,所以在一定范围的液力传动可以实现无级变速。

②液力耦合器是用液体作为传动介质,泵轮与涡轮间允许有较大的转速差,可以保证汽车平稳起步和加速。

③由于液体形状可变,所以能够吸收传动系统中的扭转振动并防止传动系统过载,从而延长传动系统和发动机部件的使用寿命。

(2)液力耦合器的缺点

①液力耦合器的传动效率损失高达发动机能量的 10%,这种能量的损失以热量的形式散失掉。

②汽车起步或制动时的工况,环圆内液体从泵轮获得能量,但不对涡轮做功,耦合器传递的功率全部转换为热能,使得工作液温度迅速升高。所以这一工况不能持续时间过长。

③耦合器只能起传递转矩的作用,而不能改变转矩的大小。

④液力耦合器不能使发动机与传动系统彻底分离,故在采用普通变速器时,还要使用机械离合器。

很明显,液力耦合器中存在液流损失,传动效率比机械离合器低。因此现代汽车上已不再采用液力耦合器,而是使用液力变矩器代替。

任务实训

根据任务要求,在实训场地准备好设备及工具等,以小组讨论的方式制订详细的工作计划或操作流程(工序),对小组成员进行合理分工,实施计划,完成相关任务并记录。

<table>
<tr><td>任　务</td><td colspan="5">液力耦合器的结构及工作原理</td></tr>
<tr><td>姓　名</td><td></td><td>班　级</td><td></td><td>学　号</td><td></td></tr>
<tr><td>实训场地</td><td></td><td>学　时</td><td></td><td>日　期</td><td></td></tr>
<tr><td>设备及工具</td><td colspan="5"></td></tr>
<tr><td>小组成员及分工</td><td colspan="5"></td></tr>
<tr><td colspan="5">工作计划(操作流程或工序)</td><td>结　果</td></tr>
<tr><td colspan="5"></td><td></td></tr>
<tr><td colspan="6">根据结果写出体会或学习计划</td></tr>
<tr><td colspan="6"></td></tr>
</table>

任务练习

一、填空题

1.液力耦合器由________、________和________组成。

2.液力耦合器的工作介质是________。

二、问答题

1.描述液力耦合器的作用。

2.思考液力耦合器有哪些缺点。

任务2.2 液力变矩器的结构及工作原理

学习目标

完成本任务后,应达到以下知识目标和能力目标。

【知识目标】

- 了解液力变矩器的结构;
- 熟悉液力变矩器的工作原理。

【能力目标】

- 能正确认知液力变矩器,并能描述液力变矩器的工作原理及应用领域。

任务引入

目前,装有自动变速器的汽车越来越多,与配备手动变速器的汽车相比,自动变速器无离合器踏板。思考自动挡的汽车不需要离合器还是有部件代替了离合器。

任务实施

2.2.1 液力变矩器的结构

液力变矩器的结构如图2.5所示,主要由泵轮、涡轮和导轮3个元件组成。泵轮与变矩器的壳连成一体,用螺栓固定在发动机曲轴后端的凸缘上或飞轮上,壳体做成两半,装配后焊成一体或用螺栓连接;涡轮通过从动轴与变速器的相关部件相连;导轮则通过导轮轴与变速器的固定壳体相连。所有工作轮在装配后,形成断面为循环圆的环状体。

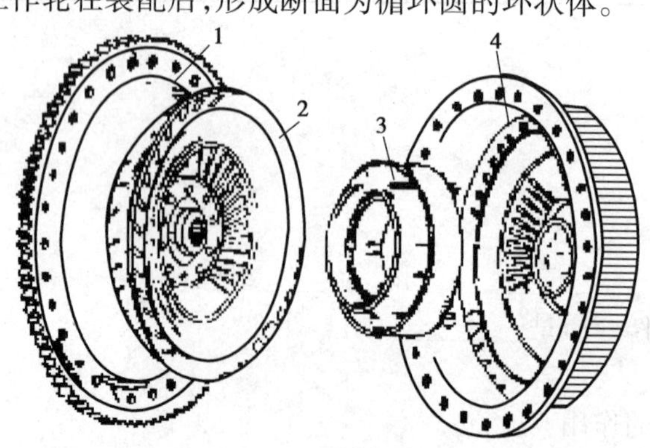

图2.5 液力变矩器的结构

1—变矩器壳体;2—涡轮;3—导轮;4—泵轮

泵轮、涡轮和导轮是液力变矩器转换能量、传递动力和改变转矩必不可少的基本工作元件。

2.2.2　液力变矩器的工作原理

液力变矩器和液力耦合器不同。液力变矩器既有传递转矩的作用，又具备改变力矩的作用。

同样以两台电风扇为例，如图 2.6 所示，对置的两台电风扇后面用一根空气管道相接通，运转的电风扇叶片吹动气流冲击未运转的电风扇叶片，未运转的电风扇叶片与运转的电风扇叶片同向转动。

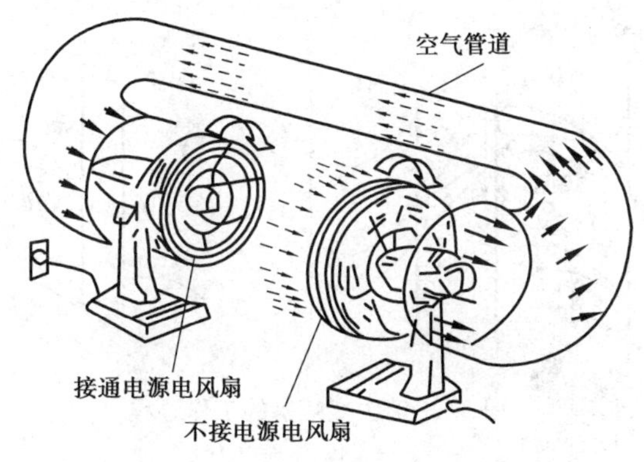

图 2.6　液力变矩器改变力矩的原理示意图

同时运转的电风扇叶片背面产生负压，通过空气管吸动未运转的电风扇叶片，使得未运转的电风扇叶片上的力矩得到增加。

在液力变矩器中，导轮相当于空气管道，位于泵轮和涡轮内侧的中间，安装在与自动变速器壳体相连的支承轴管上。

在导轮与支承轴管之间有一单向离合器，通过其中单向元件的作用，使导轮只能按照与发动机曲轴即泵轮旋转方向相同的方向转动，若试图使导轮沿与此相反的方向转动，则单向离合器将产生锁止的作用。

液力变矩器的工作过程如图 2.7 所示。当涡轮与泵轮转速差大时，在两轮之间循环的油液旋转运动也强，如图 2.7(a)所示。

自涡轮回流至泵轮的油液，冲击作用于导轮叶片的前面，即凹入面，力图推动其反向转动，但由于单向离合器的锁止作用，导轮不能顺应油液的冲击方向转动，从而迫使油液沿导轮叶片的前表面改变流动方向，掠过导轮后冲击作用于泵轮叶片的后表面，如图 2.7(b)、(c)所示。

这相当于有一附加力矩与泵轮所接受的发动机转矩相叠加，从而增大了泵轮转矩，再经液力耦合作用后，涡轮所获得的输出转矩也得以增大。

液力变矩器的输出力矩与输入力矩的比值称为液力变矩器的变矩系数 K。

当涡轮与泵轮的转速比较接近时，液力变矩器中的油液流动大部分变为环流，而且自涡轮向导轮流动的油液方向发生偏转，最终油液冲击作用于导轮叶片凸起的背面，而不是凹入的前面，如图 2.7(d)所示。

当冲击作用于导轮叶片背面的油液作用力大到足以推动导轮顺时针旋转时，单向离合器的锁止作用解除，这时，泵轮、涡轮以及导轮以大致相同的速度同方向转动，此即液力变矩器的耦合状态。

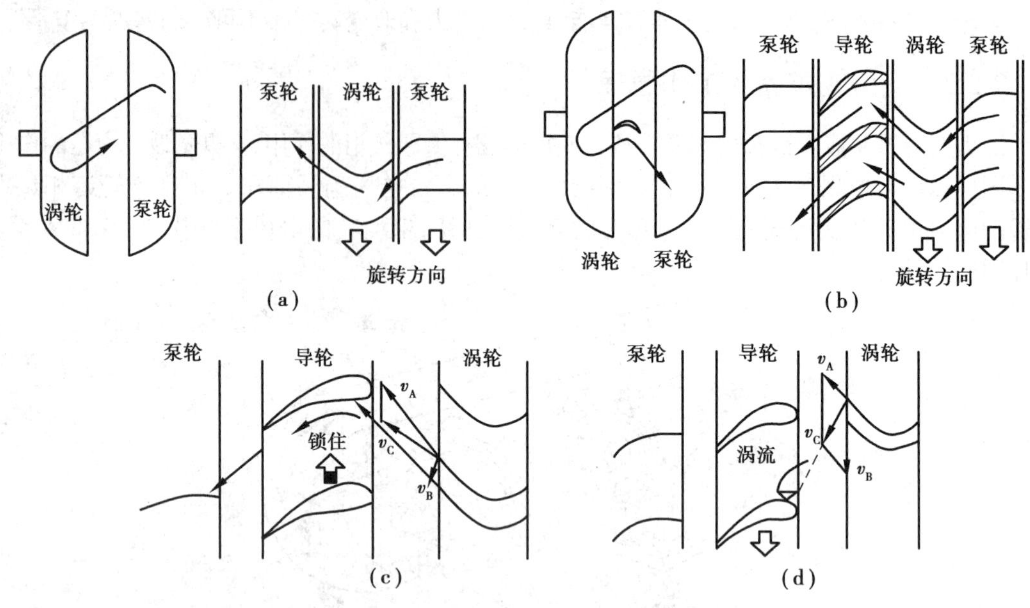

图 2.7　液力变矩器的工作过程

2.2.3　带锁止离合器的液力变矩器

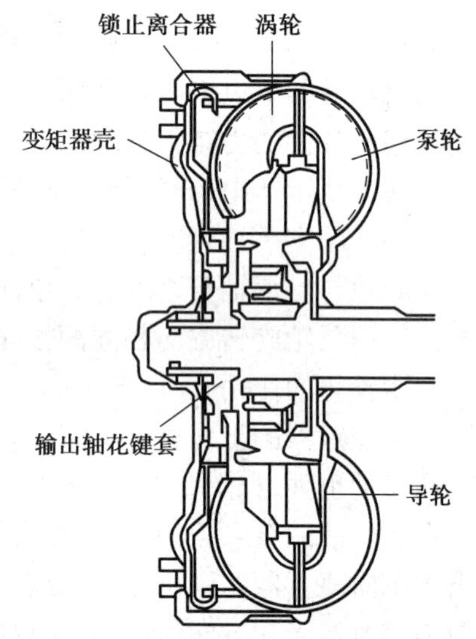

图 2.8　带锁止离合器的液力变矩器

因为泵轮和涡轮之间存在不可消除的滑转现象，故液力变矩器的传动效率正常情况下仅能达到 95%，不可能等于 100%。

为提高液力变矩器在高传动比时的传动效率，汽车上采用装有锁止离合器的变矩器。其结构如图 2.8 所示，锁止离合器的主动部分与变矩器的壳体相连，从动部分与涡轮相连。

当压力油推动活塞向右移动时，锁止离合器的主、从动部分结合，泵轮与涡轮就成为刚性连接，从液力传动变为机械传动，传动效率达到 100%。

当压力油撤除后，离合器分离，液力变矩器恢复正常工作。

2.2.4　液力变矩器的检修

目前，汽车自动变速器液力变矩器的外壳是采用焊接的整体结构，不能分解检查。其主要是通过以下基本测量与分析，以确定是否存在故障。

(1) 液力变矩器检修方法

①观察液力变矩器的外形，是否有损坏、裂纹、擦痕、漏油等现象。

②液力变矩器的径向圆跳动检查。将液力变矩器和曲轴连接好，把表架固定在发动机后端，百分表触针垂直打在变矩器的输出端上，并压缩 1 mm，用棘轮扳手将曲轴旋转 360°，观察百分表针的摆动量，如图 2.9 所示。

变矩器输出端(驱动毂)径向圆跳动不得大于0.20 mm。如变矩器输出端径向圆跳动过大,就会造成工作时油泵内齿轮和外齿轮间冲击,导致油泵齿轮早期磨损,同时也损坏泵前的油封。

③用手指拨动单向离合器内圈花键,顺、逆时针转动,通过感觉检查单向离合器是否有效。

单向离合器失效,会导致汽车低速时车速上不去、加速不良,中高速时车速上不去等故障现象。

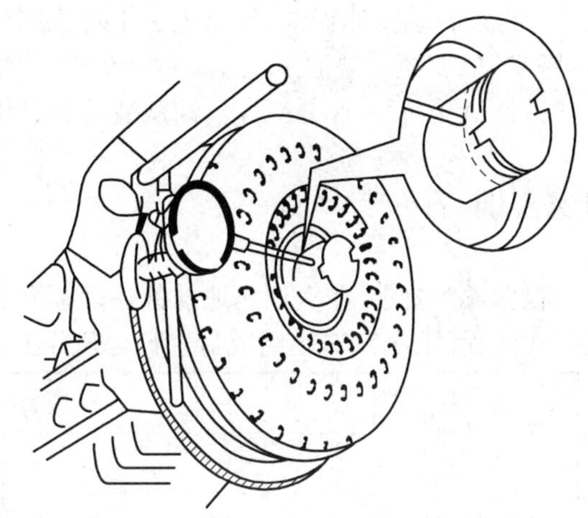

图 2.9　变矩器输出端径向圆跳动检查

④用细长弹簧卡钳卡住花键,可卡钳的杠杆原理,使卡钳撑住单向离合器或涡轮内的花键,尽量向上提起,观察轴向位移间隙,判断轴向位移间隙是否在合格的使用范围。

⑤将单向离合器固定套插入单向离合器内圈,插入变速器输入轴,转到输出轴,检查涡轮转动时是否有摩擦或产生杂音。

(2)维修液力变矩器注意事项

1)液力变矩器的动平衡

拆解变矩器前,在飞轮壳和变矩器间作装配记号。装配时按原角度装配,最大限度地保证变矩器的动平衡。

飞轮齿圈损坏后,启动时起动机齿轮不能与齿圈正常啮合,如果齿圈焊在挠性板上,齿圈和挠性板一起更换;如果齿圈焊在变矩器壳上,齿圈和变矩器壳一起更换。

2)液力变矩器装配时的注意事项

在拆装变矩器时严禁使用气动扳手,尽量使用气动工具,若控制不好,挠性板和变矩器的连接螺栓有时会顶坏变矩器外壳,使锁止离合器不能正常锁止,造成变矩器损坏。

3)更换变矩器时的注意事项

更换变矩器时,要注意必须与旧的变矩器型号相同。

更换变矩器时,要观察新旧变矩器的整体高度是否一致;油泵驱动花键宽度、深度是否相同;油泵驱动轴套的直径是否一致;变速器的输入轴前的花键与更换的变矩器内的涡轮能否配合;导轮支撑套与更换的变矩器的导轮花键能否配合;导轮支撑套和涡轮轴之间(现代车常把铜套支撑改成滚针轴承支撑)支撑类型是否相同等。

4)正确清洗液力变矩器

驱动毂面朝下,将变矩器里的脏油尽量倒净。

驱动毂面朝上,倒入新自动变速器油,再将涡轮轴插到位,用手尽量快地旋转涡轮轴(涡轮随轴旋转),然后将输出端向下,用双手摇晃变矩器,尽量将变速器油倒净。

倒入新的自动变速器油重复上述工作,然后再次将变速器油尽量倒净。

再倒入洁净的自动变速器油,重复上述工作,把清洗后的自动变速器油也尽量倒净。

5)装配液力变矩器前先加自动变速器油

变速器的自动变速器油是装车后才加的,而变矩器在装车前必须先加自动变速器油。如装车后再加自动变速器油，发动机工作时，因变矩器内缺油，容易造成锁止离合器烧蚀，同时伴随“嗡嗡”的变矩器缺油声。

另外，装配时一部分变速器油从液力变矩器内流出是正常的。

任务实训

根据任务要求，在实训场地准备好设备及工具等，以小组讨论的方式制订详细的工作计划或操作流程（工序），对小组成员进行合理分工，实施计划，完成相关任务并记录。

<table>
<tr><td>任　务</td><td colspan="5">液力变矩器的结构及工作原理</td></tr>
<tr><td>姓　名</td><td></td><td>班　级</td><td></td><td>学　号</td><td></td></tr>
<tr><td>实训场地</td><td></td><td>学　时</td><td></td><td>日　期</td><td></td></tr>
<tr><td>设备及工具</td><td colspan="5"></td></tr>
<tr><td>小组成员及分工</td><td colspan="5"></td></tr>
<tr><td colspan="5">工作计划（操作流程或工序）</td><td>结　果</td></tr>
<tr><td colspan="5"></td><td></td></tr>
<tr><td colspan="6">根据结果写出体会或学习计划</td></tr>
<tr><td colspan="6"></td></tr>
</table>

任务练习

一、填空题

1.液力变矩器由________、________、________等组成。

2.液力变矩器的变矩系数 K 是指________________。

二、问答题

1.描述液力变矩器和液力耦合器的不同之处,并说出优缺点。

2.液力变矩器中,导轮的作用是什么?锁止离合器的作用是什么?

情境 3 齿轮传动机构

液力变矩器能在一定范围内改变转矩比和转速比，但存在传动效率低的缺点，且变矩的范围不大。为满足汽车的使用要求，在液力变矩器传动装置后面设置齿轮变速机构。

自动变速器齿轮变速机构主要有平行轴式和行星齿轮式两种，其中行星齿轮式变速机构应用较为广泛。

任务 3.1 定轴（平行轴）齿轮变速机构

学习目标

完成本任务后，应达到以下知识目标和能力目标。

【知识目标】

- 了解采用定轴齿轮变速机构的自动变速器的产品；
- 熟悉定轴齿轮变速机构的工作原理。

【能力目标】

- 能区分自动变速器采取的是定轴齿轮变速机构还是其他变速机构。

任务引入

自动挡的汽车是否和手动挡的汽车一样，可采用齿轮组合的方式实现不同的传动比？

任务实施

定轴齿轮变速机构是利用平行轴间不同齿轮数的齿轮咬合来进行动力传递和变速的，定轴间的齿轮咬合有以下 3 种类型：

①小主动齿轮带动大从动齿轮，实现减速增矩，即为低速挡状态，如图3.1(a)所示。

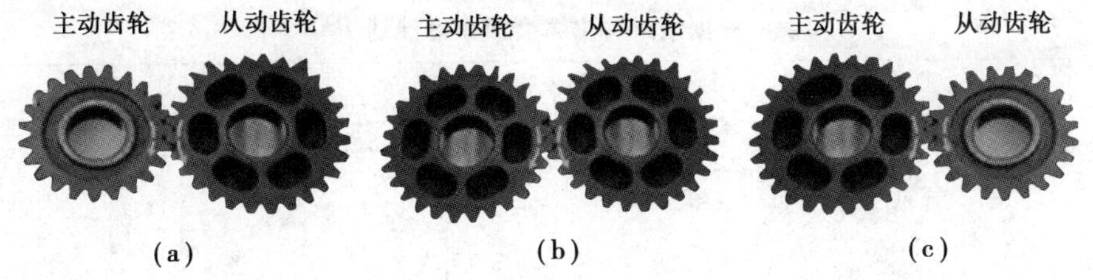

图3.1　齿轮传动原理

②主动齿轮和被动齿轮大小一样，实现等速传递，即为直接挡，如图3.1(b)所示。

③大主动齿轮带动小从动齿轮，实现增速减矩，即为超速挡状态，如图3.1(c)所示。

液力自动变速器所采用的平行轴式齿轮机构与手动变速器的平行轴式齿轮变速机构非常类似，其主要差别在于齿轮咬合方式不同。

液力变速器是通过多片式离合器来控制轴间齿轮咬合的，而手动变速器是通过花键或齿套来控制轴间齿轮咬合的。

任务实训

根据任务要求，在实训场地准备好设备及工具等，以小组讨论的方式制订详细的工作计划或操作流程(工序)，对小组成员进行合理分工，实施计划，完成相关任务并记录。

任　务	定轴(平行轴)齿轮变速机构				
姓　名		班　级		学　号	
实训场地		学　时		日　期	
设备及工具					
小组成员及分工					
工作计划(操作流程或工序)					结　果

续表

根据结果写出体会或学习计划

任务练习

一、填空题

1.平行轴式齿轮咬合可实现________、________、________。

2.平行轴式齿轮包括________、________。

二、问答题

1.平行轴式齿轮如何实现超速挡位?

2.平行轴式齿轮咬合如何实现自动换挡?

任务 3.2 行星齿轮变速机构

学习目标

完成本任务后,应达到以下知识目标和能力目标。

【知识目标】

- 了解行星齿轮变速机构的特点及分类;
- 熟悉行星齿轮变速机构的结构。

【能力目标】

- 能正确描述行星齿轮变速机构的结构和原理,并能区分哪些自动变速器采用的是行星齿轮变速机构。

任务引入

目前,行星齿轮变速机构在自动变速器中应用得非常广泛。使用行星齿轮传动机构的自动变速器有哪些,应用在哪些车型上?

任务实施

3.2.1　行星齿轮变速机构的特点

行星齿轮变速机构在小型轿车中应用广泛。和定轴齿轮变速机构相比,它具有以下优点:

①行星齿轮变速机构是一种常啮合传动,其不同的传动比和转动方向是通过对机构中的不同部件予以固定获得。

②机构中各部件都是同轴的,即各部件围绕同一公共轴线旋转,从而可以取消一般手动变速器中的中间轴和中间齿轮等。因此,可实现缩小变速器的轴向尺寸。

③机构中各齿轮始终处于常啮合状态,不会出现因换挡不到位等而引起的脱挡现象。

④机构中因承载齿数较多,齿面载荷低,工作可靠性高,使用寿命长。

⑤通过增减行星排的个数、行星排内齿轮的个数、改变行星排之间的排列和组合以及各个构件之间的连接和控制方式等,可以获得理想的传动比。

当然,行星齿轮变速机构也有机构较为复杂,制造和安装精度要求高,维修较为困难,要求维修人员具有较高的技术水平等缺点。

3.2.2　行星齿轮变速机构的分类

(1)按照齿轮的啮合方式不同分类

行星齿轮变速机构可分为内啮合式和外啮合式两种。内啮合式行星齿轮机构结构紧凑、传动效率高,故在自动变速器上应用广泛。外啮合式行星齿轮机构体积大、传动效率低,故在汽车上已被淘汰。

(2)按照行星齿轮的排数不同分类

行星齿轮变速机构可分为单排和多排两种。多排行星齿轮机构由多个单排行星齿轮机构组成。由于其具有可以实现多种传动比的优势,因此,现代汽车自动变速器中通常采用由 2 个或 3 个单排行星齿轮变速机构组成的多排行星齿轮机构,以实现更多前进挡。

(3)按照太阳轮和齿圈之间的行星齿轮组数的不同分类

行星齿轮变速机构可分为单行星齿轮式和双行星齿轮式两种。双行星齿轮机构与单行星齿轮机构在其他条件相同的情况下相比,齿圈可得到反向传动。

3.2.3　行星齿轮变速机构的结构

按照行星齿轮机构的行星排数的不同,将仅有一个行星排的行星齿轮机构称为简单行星齿轮机构,将多个行星排的行星齿轮机构称为复合行星齿轮机构。下面对两种行星齿轮机构进行分析。

(1) **简单行星齿轮机构**

1)简单行星齿轮机构的组成

简单行星齿轮机构由一个太阳轮、一个齿圈、一个行星架和几个行星齿轮组成,也称为一个行星排,如图 3.2 所示。

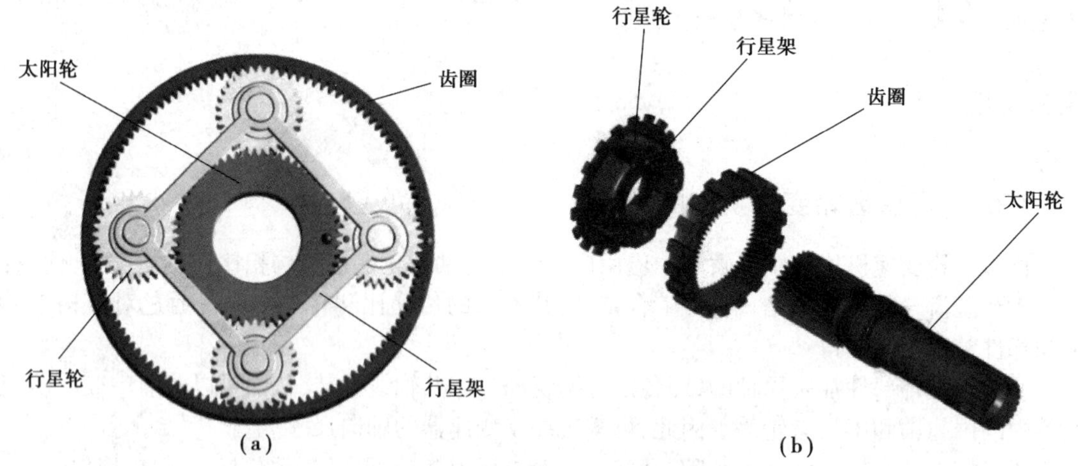

图 3.2 简单行星齿轮机构的组成

太阳轮、齿圈及行星架具有共同的固定轴线,行星齿轮与太阳轮和齿圈啮合,并支承在固定于行星架的行星齿轮轴上。它具有两个方面的运动:一方面可以绕自己的轴线旋转;另一方面又可以随行星架一起绕太阳轮旋转,既有自转又有公转。

一般将行星排中具有固定轴线的太阳轮、齿圈和行星架称为行星排的 3 个基本元件。

2)单排行星齿轮机构的工作原理

根据力学和运动学原理,单排行星齿轮机构可推出以下运动方程:

$$n_1 + \alpha n_2 = (1 + \alpha) n_3$$

式中 n_1——太阳轮转速;

n_2——齿圈转速;

n_3——行星架转速。

$$\alpha = \frac{z_2}{z_1}$$

其中,z_1——太阳轮齿数;

z_2——齿圈齿数;

α——齿圈齿数与太阳轮齿数之比,$\alpha>1$。

当 3 个基本元件中的一个固定,另两个一个当主动件,一个当被动件时,即可推导出相应的传动比及运动特性。

①齿圈固定,太阳轮主动,行星架被动。

$$n_2 = 0, n_1 = (1 + \alpha) n_3$$

$$i = \frac{n_1}{n_3} = 1 + \alpha = \frac{z_1 + z_2}{z_1} > 1$$

如图 3.3 所示,此时为前进降速挡。此种组合为降速传动,通常传动比 i 一般为 2.5~5,转向相同。

②齿圈固定,行星架主动,太阳轮被动。

$$i = \frac{n_3}{n_1} = \frac{1}{1 + \alpha} = \frac{z_1}{z_1 + z_2} < 1$$

如图 3.4 所示,此时为前进超速挡。此种组合为升速传动,传动比一般为 0.2~0.4,转向相同。

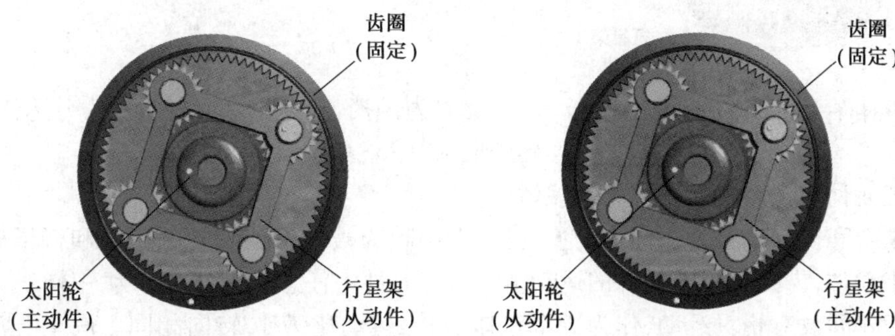

图 3.3　单排行星齿轮机构运行状态 1　　图 3.4　单排行星齿轮机构运行状态 2

③太阳轮固定,齿圈主动,行星架被动。

$$n_1 = 0, \alpha n_2 = (1 + \alpha) n_3$$

$$i = \frac{n_2}{n_3} = \frac{1 + \alpha}{\alpha} = \frac{z_1 + z_2}{z_2} > 1$$

如图 3.5 所示,此时为前进降速挡。此种组合为降速传动,传动比一般为 1.25~1.67,转向相同。

④太阳轮固定,行星架主动,齿圈被动。

$$i = \frac{n_3}{n_2} = \frac{\alpha}{1 + \alpha} = \frac{z_2}{z_1 + z_2} < 1$$

如图 3.6 所示,此时为前进超速挡。此种组合为升速传动,传动比一般为 0.6~0.8,转向相同。

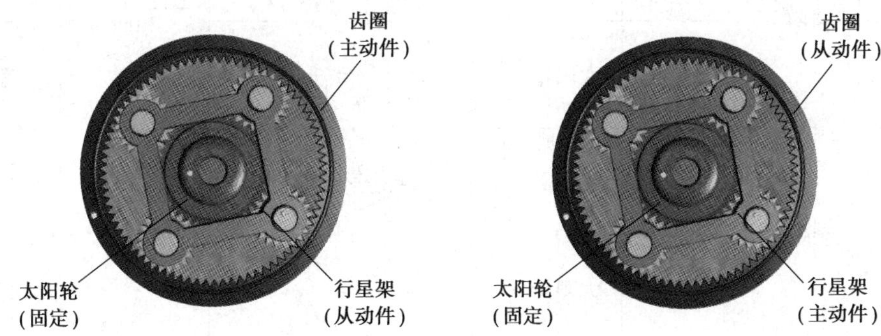

图 3.5　单排行星齿轮机构运行状态 3　　图 3.6　单排行星齿轮机构运行状态 4

⑤行星架固定,太阳轮主动,齿圈被动。

$$n_3 = 0, n_1 = -\alpha n_2$$

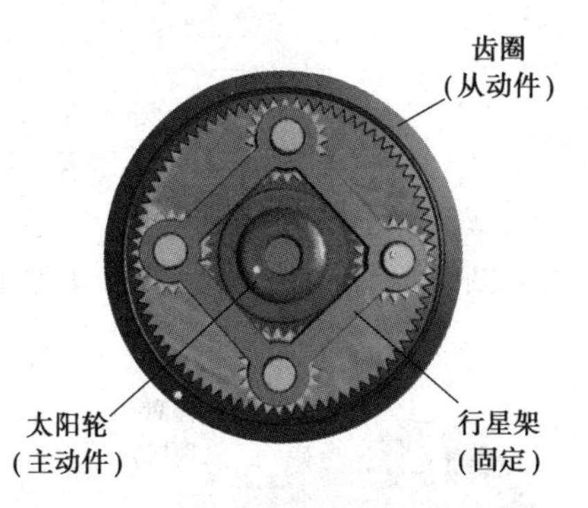

图 3.7　单排行星齿轮机构运行状态 5

$$i=\frac{n_1}{n_2}=-\alpha=-\frac{z_2}{z_1}$$

如图 3.7 所示,此时为倒挡、降速挡。此种组合为降速传动,传动比一般为 1.5~4,转向相反。

⑥行星架固定,齿圈主动,太阳轮被动。

$$n_3=0,n_1=-\alpha n_2$$

$$i=\frac{n_2}{n_1}=-\frac{1}{\alpha}=-\frac{z_1}{z_2}$$

此时为倒挡、升速挡。此种组合为升速传动,传动比一般为 0.25~0.67,转向相反。

⑦把三元件中任意两元件结合为一体。

把行星架和齿圈结合为一体作为主动件,太阳轮为被动件或者把太阳轮和行星架结合为一体作为主动件,齿圈作为被动件的运动情况为三元件中任意两元件结合为一体。

行星齿轮间没有相对运动,作为一个整体运转,传动比为 1,转向相同。汽车上常用此种组合方式组成直接挡。

综上所述,行星齿轮变速机构的传动方案及传动比见表 3.1。很明显,可以实现汽车上的前进挡、倒挡、空挡及直接挡等。

表 3.1　单排行星齿轮机构的传动方案和传动比

状　态	固定件	主动件	从动件	传动比	旋转方向	挡　位
1	太阳轮	齿圈	行星架	$i=1+\frac{z_1}{z_2}=1+\frac{1}{\alpha}$	相同	降速挡
2		行星架	齿圈	$i=\frac{z_2}{z_1+z_2}=\frac{\alpha}{1+\alpha}$		超速挡
3	齿圈	太阳轮	行星架	$i=1+\frac{z_2}{z_1}=1+\alpha$	相同	降速挡
4		行星架	太阳轮	$i=\frac{z_1}{z_1+z_2}=\frac{1}{1+\alpha}$		超速挡
5	行星架	太阳轮	齿圈	$i=-\frac{z_2}{z_1}=-\alpha$	相反	倒挡(降速)
6		齿圈	太阳轮	$i=-\frac{z_1}{z_2}=-\frac{1}{\alpha}$		倒挡(超速)
7	将任意两个基本构件连接在一起			1 : 1	相同	直接挡
8	太阳轮、齿圈、行星架均不固定					空挡

注:z_1——太阳轮齿数;z_2——齿圈齿数;$\alpha=z_2/z_1$。

(2)复合行星齿轮机构

由于单排简单行星齿轮机构无法满足汽车行驶中对传动比和变矩能力的要求,故在自动变速器中,采用两排或多排行星齿轮机构组合在一起,这就形成了复合行星齿轮机构。

复合行星齿轮机构可以提供各种不同的组合情况来实现各种不同的传动。在现代汽车自动变速器中,常用的有辛普森式复合行星齿轮机构和拉维娜式复合行星齿轮机构。

辛普森式复合行星齿轮机构如图3.8所示,为4个独立元件构成的双行星排行星齿轮机构。4个独立元件为前后太阳轮组件、前排齿圈、后排行星架及前行星架和后齿圈组件。

前后太阳轮组件为前后两个行星排的太阳轮连在一起,具有共同的运动规律,整体作为一个元件。

前排齿圈与后排行星架是一体,为动力输入端。

前行星架和后齿圈组件为前排行星架与后齿圈连在一起,同样具有相同的运动规律,整体作为一个元件,为动力输出端。

辛普森式复合行星齿轮机构可以实现3个前进挡。另外,在辛普森式复合行星齿轮机构的基础上再加上一个单排行星排,即超速行星排,这样可实现4个前进挡。

采用辛普森式行星齿轮变速机构的典型变速器有丰田A140、A340等自动变速器。

拉维娜式复合行星齿轮机构也采用双行星排机构,如图3.9所示。其前后行星排具有共同的行星架和齿圈,因此,它具有的独立元件为前太阳轮、后太阳轮、长行星轮、短行星轮、行星架和齿圈。

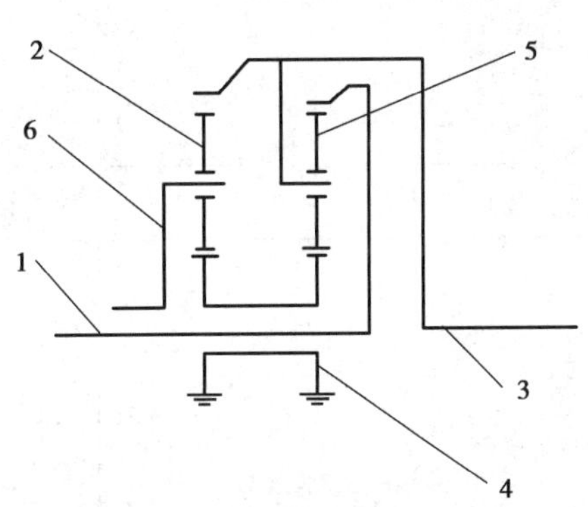

图3.8　辛普森式复合行星齿轮机构

1—后齿圈;2—前行星齿轮;3—后行星架和前齿圈组件;4—前后太阳轮组件;5—后行星齿轮;6—前行星架

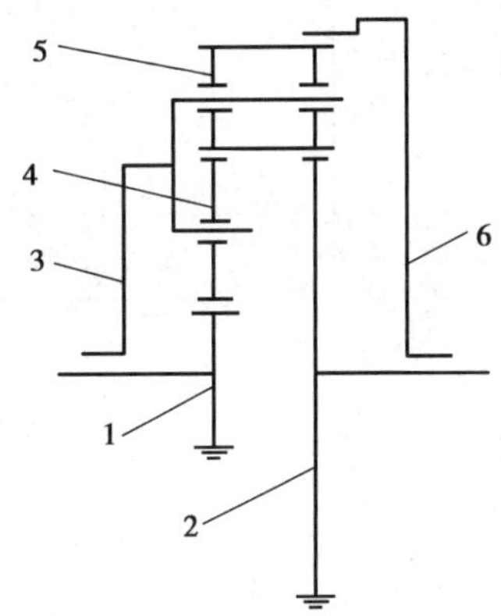

图3.9　拉维娜式复合行星齿轮机构

1—前太阳轮;2—后太阳轮;3—行星架;4—短行星齿轮;5—长行星齿轮;6—齿圈

拉维娜式行星齿轮机构具有结构紧凑、尺寸小、传动比变化范围大、灵活多变等特点。通过不同的控制方式可以组成具有3个前进挡或4个前进挡的行星齿轮变速器。

采用拉维娜式行星齿轮变速机构的典型变速箱有大众01M、01N等自动变速器。

3.2.4　行星齿轮机构的检修

①检查太阳轮、行星轮、齿圈的齿面,如有磨损或疲劳剥落,应更换整个行星排。

②检查行星轮与行星架之间的间隙，其标准间隙为0.2~0.6 mm，最大不得超过1.0 mm，否则，应更换止推垫片或行星架和行星轮组件。

③检查太阳轮、行星架、齿圈等零件的轴颈或滑动轴承处有无磨损，如有异常，应更换新件。

任务实训

根据任务要求，在实训场地准备好设备及工具等，以小组讨论的方式制订详细的工作计划或操作流程（工序），对小组成员进行合理分工，实施计划，完成相关任务并记录。

<table>
<tr><td>任　务</td><td colspan="5">行星齿轮变速机构</td></tr>
<tr><td>姓　名</td><td></td><td>班　级</td><td></td><td>学　号</td><td></td></tr>
<tr><td>实训场地</td><td></td><td>学　时</td><td></td><td>日　期</td><td></td></tr>
<tr><td>设备及工具</td><td colspan="5"></td></tr>
<tr><td>小组成员及分工</td><td colspan="5"></td></tr>
<tr><td colspan="5">工作计划（操作流程或工序）</td><td>结　果</td></tr>
<tr><td colspan="5"></td><td></td></tr>
<tr><td colspan="6">根据结果写出体会或学习计划</td></tr>
<tr><td colspan="6"></td></tr>
</table>

任务练习

一、填空题

1.按照行星齿轮的排数不同,可分为________和________两种。

2.常见的复合行星齿轮机构有________、________________。

二、问答题

1.采用行星齿轮变速机构的自动变速器有哪些优缺点?

2.单排行星齿轮由哪些部件组成?它们各起什么作用?

情境 4
换挡执行机构

行星齿轮变速器的齿轮机构与手动齿轮变速器不同,行星齿轮变速器中的所有齿轮都处于常啮合状态,其挡位的变换无法通过移动齿轮使之进入啮合或脱离啮合来获得,而是通过以不同的方式对行星齿轮机构的基本元件进行约束来实现的。通过约束不同的基本元件和约束方式,就可以获得不同的传动比,从而获得不同的挡位。

行星齿轮变速器的换挡执行机构中主要有离合器(C)、制动器(B)和单向离合器(F)3种。其中,离合器和制动器是以液压方式控制行星齿轮机构元件的运动,而单向离合器是以机械方式控制行星齿轮机构元件的运动。

任务4.1 离合器

学习目标

完成本任务后,应达到以下知识目标和能力目标。

【知识目标】

- 了解离合器的作用;
- 熟悉离合器的结构。

【能力目标】

- 能对自动变速器换挡执行机构中的离合器进行拆装和检修。

任务引入

一辆配备自动变速器的汽车,在二挡时,踩下加速踏板没有异常响声,松开加速踏板能听到“嗡嗡”的异响声,再次踩下加速踏板时异常响声立即终止。汽车加速正常,也不缺挡,如何检修?

任务实施

4.1.1　离合器的作用

离合器的作用是连接行星齿轮变速器的输入轴和行星排中的某个基本元件,或是连接行星排的某两个基本元件,实现一体化并同速转动。

4.1.2　离合器的结构

在自动变速器的换挡执行元件中,采用的离合器是多片湿式离合器。实物如图 4.1 所示。

图 4.1　离合器的实物图

多片湿式离合器通常由离合器鼓、离合器活塞、回位弹簧、钢片(主动片)、摩擦片(从动片)和离合器毂等构成。其结构如图 4.2 所示。

离合器毂是一个液压缸,其内有内花键齿圈,内圆轴颈上有进油孔和控制油路相通。

离合器活塞是环状的,内外圆上有密封圈,安装在离合器鼓内。离合器鼓和离合器毂分别以一定的方式和变速器输入轴或行星排的某个基本元件连接,

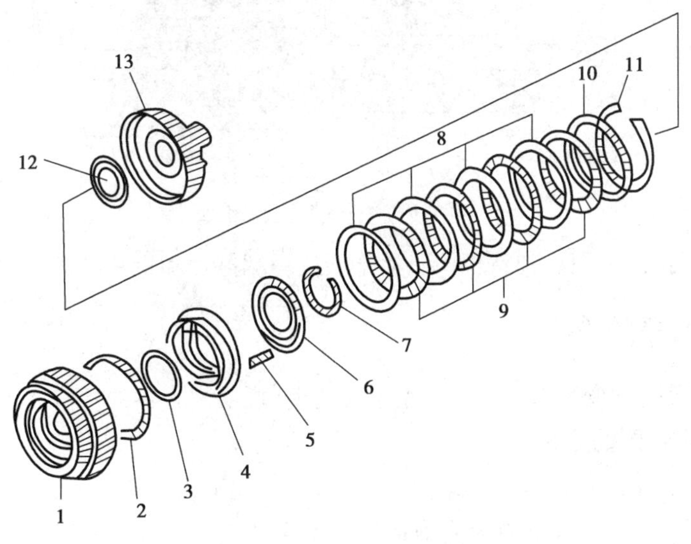

图 4.2　多片湿式离合器的结构

1—离合器鼓;2,3—密封圈;4—离合器活塞;5—回位弹簧;6—弹簧座;7,11—卡环; 8—钢片;9—摩擦片;10—挡圈;12—止推轴承;13—离合器毂

一般离合器鼓为主动件,离合器毂为从动件。

钢片(主动片)和摩擦片(从动片)交错排列,二者统称为离合器片。钢片的外花键齿安装在离合器鼓的内花键齿圈上,可沿齿圈键槽作轴向移动;摩擦片由其内花键齿与离合器毂的外花键齿连接,也可沿键槽作轴向移动。

摩擦片两面烧结有摩擦系数较大的铜基粉末冶金层或合成纤维层,使钢片和摩擦片组成钢-粉末冶金摩擦副。

为了保证离合器接合过程柔和及散热,钢片和摩擦片均浸在油中,故而称为湿式离合器。

离合器处于分离状态时,钢片和摩擦片之间应有一定的轴向间隙,即离合器的自由间隙,以保证钢片和摩擦片不会相互接触。

离合器的自由间隙一般为 0.5~2.0 mm。

4.1.3　离合器的工作原理

接合时:动力→输入轴→离合器→输出轴。

油压通过输入轴中心孔进入活塞,活塞向右移动,将钢片和摩擦片压紧,产生摩擦力,如图 4.3 所示。

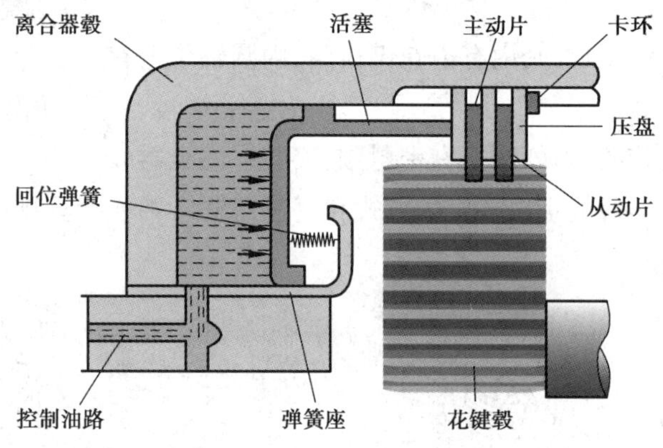

图 4.3　离合器的工作原理

分离时:油压排出→回位弹簧作用→活塞回位→摩擦片和钢片分离→动力不能传递。

4.1.4　离合器的检修

以检修某型号自动变速器的前进挡离合器为例,说明离合器的检修。

(1)前进挡离合器的分解

步骤 1:取下卡环,如图 4.4 所示。

步骤 2:取出前进挡离合器毂内的钢片和摩擦片组。

步骤 3:将离合器组件放在压力器工作台上,压缩回位弹簧,如图 4.5 所示。

步骤 4:用卡簧钳拆下卡环。

步骤 5:拆下前进挡离合器活塞回位弹簧,如图 4.6 所示。

步骤 6:用压缩空气吹入油孔,取出活塞。

步骤 7:拆下前进挡离合器活塞,如图 4.7 所示。

图 4.4　取下卡环

图 4.5　压缩回位弹簧

图 4.6　拆下活塞回位弹簧

图 4.7　拆下离合器活塞

(2) 前进挡离合器的检测

步骤 1:检查离合器的摩擦片,如有烧焦、表面粉末冶金脱落或翘曲变形,应更换。

许多型号的自动变速器的摩擦片表面印有符号,若这些符号已被磨去,说明摩擦片已磨损至极限,应更换。也可测量摩擦片的厚度,若小于极限厚度,则应更换。

步骤 2:检查钢片,如磨损严重,应更换。

步骤 3:检查离合器活塞,其表面应无损伤或拉毛,否则更换。

步骤 4:检查离合器活塞上的单向阀,其阀球应能在阀座内自由活动。

步骤 5:测量活塞回位弹簧的自由长度,如图 4.8 所示,并与标准值比较,若弹簧的自由长度小于规定值或有变形、弹力不足等应更换。

(3) 离合器的装配

在装配离合器之前应将所有零件用清洁的煤油或工业汽油洗吹干。油道、单向阀孔等处要用压缩空气吹净,防止被脏物堵塞。

装配离合器时应按照与分解相反的顺序装配,应注意以下事项:

①装配前应在所有配合零件表面涂上少许自动变速器油。

②更换摩擦片时,应将新的摩擦片放在清洁的自动变速器油内浸泡 15 min 后再安装。

③活塞回位弹簧座圈的卡环安装要到位,确认卡环落入环槽内才可进行下一步的安装,如图 4.9 所示。

④离合器装配完后,应用塞尺或百分表测量离合器的自由间隙。间隙过大,会使换挡滞后、离合器打滑;间隙过小,会使离合器分离不彻底。图 4.10 为用塞尺检查离合器的自由间隙。

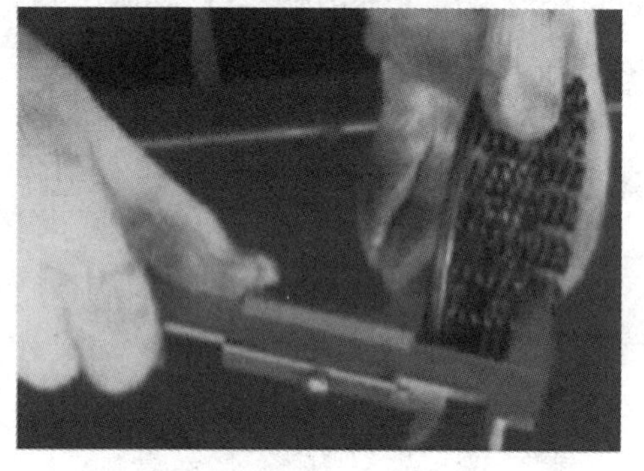

图 4.8　测量活塞回位弹簧的自由长度

图 4.9　用卡钳安装卡环

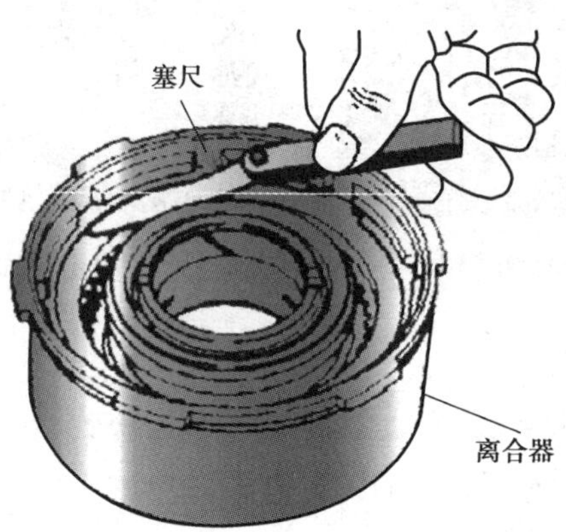

图 4.10　用塞尺检查离合器的自由间隙

任务实训

根据任务要求,在实训场地准备好设备及工具等,以小组讨论的方式制订详细的工作计划或操作流程(工序),对小组成员进行合理分工,实施计划,完成相关任务并记录。

<table>
<tr><td>任　务</td><td colspan="5">离合器</td></tr>
<tr><td>姓　名</td><td></td><td>班　级</td><td></td><td>学　号</td><td></td></tr>
<tr><td>实训场地</td><td></td><td>学　时</td><td></td><td>日　期</td><td></td></tr>
<tr><td>设备及工具</td><td colspan="5"></td></tr>
<tr><td>小组成员及分工</td><td colspan="5"></td></tr>
<tr><td colspan="5">工作计划(操作流程或工序)</td><td>结　果</td></tr>
<tr><td colspan="5"></td><td></td></tr>
<tr><td colspan="6">根据结果写出体会或学习计划</td></tr>
<tr><td colspan="6"></td></tr>
</table>

任务练习

一、填空题

1.离合器的主动件是________,被动件是________________。

2.离合器的自由检修一般在________。

二、问答题

1.描述离合器在自动变速器换挡执行机构中的作用。

2.简述多片湿式离合器的工作原理。

任务 4.2　制动器

学习目标

完成本任务后，应达到以下知识目标和能力目标。

【知识目标】

- 了解制动器的作用；
- 熟悉片式制动器和带式制动器的工作原理。

【能力目标】

- 能正确地对换挡执行机构中的制动器进行拆装和检修。

任务引入

新款配备自动变速器的丰田汽车如果添加老款自动变速器油，会造成 2 挡和 3 挡换挡过程中出现冲击的故障，而且行驶历程长了后，会导致制动器及离合器出现问题。

任务实施

制动器用来固定行星排中的基本元件，阻止其旋转，以改变齿轮的组合。常用的有片式制动器和带式制动器两种。

4.2.1　片式制动器

片式制动器具有接合平稳的特点，特别是可通过增减片数来适应不同排量的发动机，近年来应用日趋广泛。

片式制动器由制动器毂、制动器活塞、回位弹簧、制动器摩擦片、制动器钢片等组成，如图 4.11 所示。

在制动器中，制动器摩擦片是主动元件，制动器钢片是固定元件。制动器摩擦片的材料和离合器摩擦片的材料一样。

片式制动器的工作原理和多片湿式离合器基本相同。当液压油进入活塞缸后，推动活塞在缸体内移动，促使制动器的摩擦片与钢片接触，使行星排的某一基本元件被固定，即不能旋转。

当液压油从活塞缸内排出时，回位弹簧推动活塞回复至原始位置，导致制动器脱开，制动器毂可以自由旋转，行星排的基本元件即可自由旋转。

片式制动器在使用中不但规定了制动片的允许间隙和最大间隙，同时也规定了制动片的最小厚度。

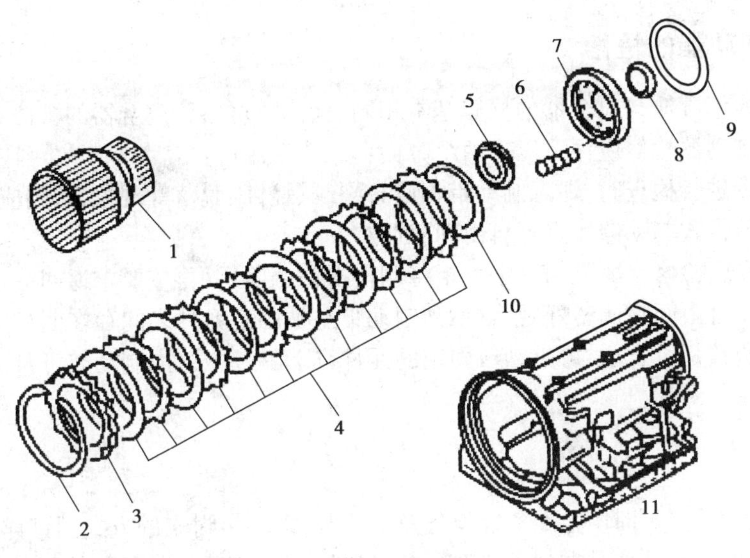

图 4.11　片式制动器

1—制动器毂;2—卡环;3—挡圈;4—钢片和摩擦片;5—弹簧座;6—回位弹簧;
7—制动器活塞;8,9—密封圈;10—碟形环;11—变速器壳体

当摩擦片厚度小于规定值时必须更换。当摩擦片单片厚度尚未小于允许值,而总间隙超过允许值时,应通过选装压板的厚度来调整,以保证间隙符合规定。

4.2.2　带式制动器

带式制动器占用空间尺寸小,容易布置,过去采用较多。带式制动器是将内侧粘有摩擦材料的制动带卷绕在制动鼓上,其摩擦材料与多片湿式离合器的摩擦片相同。

带式制动器由制动带、制动鼓、液压缸和活塞等组成,如图 4.12 所示。其中,制动鼓为旋转元件,而制动带为静止元件。

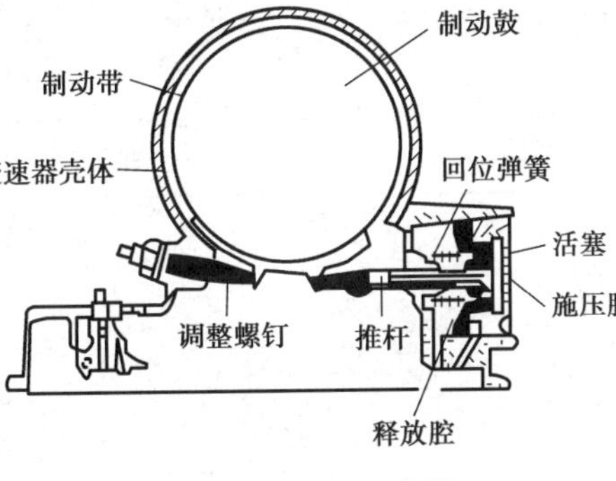

图 4.12　带式制动器

制动鼓与行星排的某个基本元件相连,制动带一端支承在变速器的壳体上,另一端和活塞顶杆相连。

制动器不工作时,制动带和制动鼓之间应按规定保持一定间隙,如不符合,可通过调整螺钉来调节。

当液压油施加于活塞时,活塞在缸体内移至左端,压缩外弹簧,带动连杆移动,推动制动带的一端,因为制动带的另一端固定在变速器壳体上,制动带直径即减小,因此,制动带夹持制动鼓,使与之相连的行星排基本元件固定。

制动解除后,液压油返回,活塞在回位弹簧的作用下返回右端,制动带被松开,制动器处于自由状态。

4.2.3 制动器的检修

制动器的检修方法与离合器的检修基本相同，检修时可参照离合器的检修方法进行。

针对带式制动器检修应注意以下两个方面：

①对制动带进行检查时，注意制动带不应有裂纹、烧蚀、脱落等现象，否则应更换。

②装配后的带式制动器应进行自由间隙调整。

制动带的自由检修一般是用一定力矩将调整螺钉调紧后，再按要求返回一定的圈数，大多数自动变速器在自由间隙调整好后，看不到制动带与被固定元件之间存在明显间隙，需凭经验检查自由间隙调整是否合适，可晃动被固定的元件，应无松动感，而制动鼓可自由转动。

任务实训

根据任务要求，在实训场地准备好设备及工具等，以小组讨论的方式制订详细的工作计划或操作流程（工序），对小组成员进行合理分工，实施计划，完成相关任务并记录。

<table>
<tr><td>任　务</td><td colspan="5">制动器</td></tr>
<tr><td>姓　名</td><td></td><td>班　级</td><td></td><td>学　号</td><td></td></tr>
<tr><td>实训场地</td><td></td><td>学　时</td><td></td><td>日　期</td><td></td></tr>
<tr><td>设备及工具</td><td colspan="5"></td></tr>
<tr><td>小组成员及分工</td><td colspan="5"></td></tr>
<tr><td colspan="5">工作计划（操作流程或工序）</td><td>结　果</td></tr>
<tr><td colspan="5"></td><td></td></tr>
<tr><td colspan="6">根据结果写出体会或学习计划</td></tr>
<tr><td colspan="6"></td></tr>
</table>

任务练习

一、填空题

1.片式制动器由________________等组成。

2.带式制动器由________________等组成。

二、问答题

1.简述片式制动器的工作原理。

2.片式制动器和带式制动器的区别有哪些?

任务 4.3　单向离合器

学习目标

完成本任务后,应达到以下知识目标和能力目标。

【知识目标】

- 了解单向离合器的作用;
- 熟悉单向离合器的工作原理。

【能力目标】

- 能正确地对单向离合器进行拆装和检修。

任务引入

某品牌配备自动变速器的汽车,维修变速器后出现汽车无法驱动的状况,试分析最有可能的原因。

任务实施

单向离合器广泛应用于行星齿轮变速器及综合式液力变矩器中,其作用和离合器、制动器相同,也是对行星排中的基本元件进行连接和固定。它也是行星齿轮变速器的换挡元件之一。

与离合器和制动器不同,单向离合器不是依靠液压油的作用来实现功能,而是依靠机械的单向锁止原理来起到连接或固定作用。

单向离合器只具有单方向离合功能,当与之相连接的元件受力方向与锁止方向相同时,该元件即被连接或固定;当受力方向与锁止方向相反时,该元件即被脱离或释放。

单向离合器常用的类型有滚柱斜槽式和楔块式两种。

4.3.1　滚柱斜槽式单向离合器

滚柱斜槽式单向离合器主要由内环、外环、滚柱和回位弹簧等组成,如图 4.13 所示。

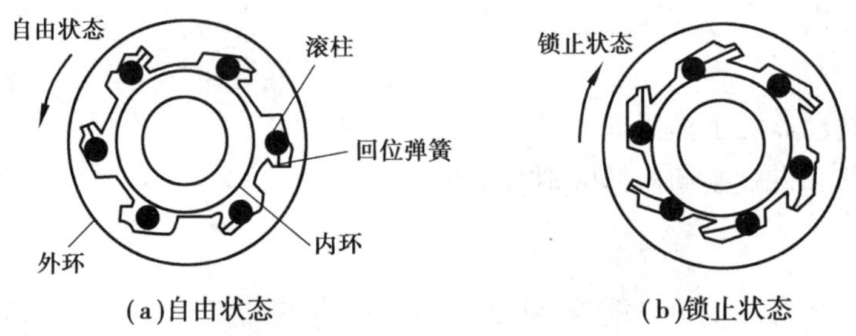

图 4.13　滚柱斜槽式单向离合器

内环通常与行星排的某个基本元件连接或者和变速器的壳件连接,外环与行星排的另一个基本元件连接或者与变速器外壳连接。

在外环的内表面有与滚柱相同数目的楔形槽,内外环之间的楔形槽内装有滚柱和弹簧,弹簧的弹力将各滚柱推向楔形槽较窄的一端。

滚柱斜槽式单向离合器工作时,当外环相对于内环逆时针转动时,滚柱在外环带动下克服回位弹簧的弹力,压缩弹簧移向楔形槽的大端,外环相对于内环可自由滑转,此时处于自由状态。

当外环相对于内环顺时针转动时,滚柱在外环带动及回位弹簧的弹力作用下进入楔形槽的小端,外环和内环没有相对运动被连为一体,单向离合器锁止。

单向离合器的锁止方向取决于外环上楔形槽的方向。在装配时不能装反,否则会改变其锁止方向,使行星齿轮变速器不能正常工作。

有的单向离合器的楔形槽开在内环上,其工作原理和楔形槽开在外环上相同。

4.3.2　楔块式单向离合器

楔块式单向离合器的构造和滚柱斜槽式单向离合器相似,由外环、内环和楔块等组成,如图 4.14 所示。

不同之处在于它的外环或内环上都没有楔形槽,由特殊形状的楔块替代圆柱形的滚柱。

楔块在 A 方向上的尺寸略大于内环和外环之间的距离 B,而在 C 方向上,楔块的尺寸略小于 B。

楔块式单向离合器工作时,当外环相对于内环逆时针转动时,楔块被推动而产生倾斜,内外环之间有空隙,单向离合器不发生作用,内、外环均以各自不同的速度自由转动。

当外环相对于内环顺时针转动时,楔块被推动而立起,卡在内外环之间,单向离合器被锁止,内外环被连为一体。

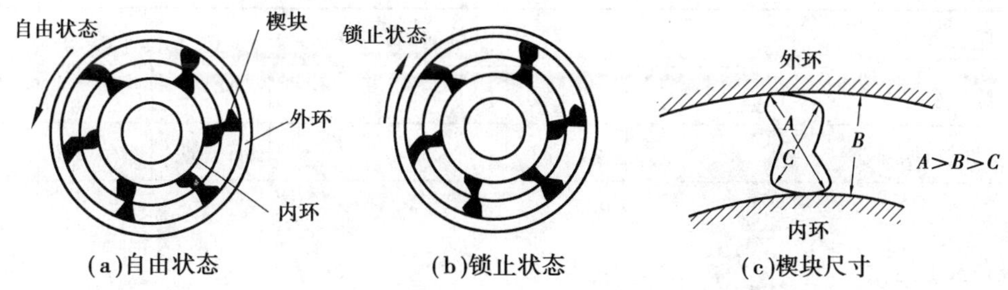

(a)自由状态　(b)锁止状态　(c)楔块尺寸

图 4.14　楔块式单向离合器

楔块式单向离合器的锁止方向取决于楔块的安装方向,在维修时切记不可装反,否则会影响自动变速器的正常工作。

4.3.3　单向离合器的检修

单向离合器若出现问题,会引起自动变速器打滑、无前进挡、无超速挡、异响等故障现象。

(1)单向离合器常见损坏形式及原因

1)单向无锁止

单向无锁止的可能原因是滚珠或楔块磨损或弹簧失效。

2)卡滞

卡滞的可能原因是滚珠或楔块变形,内外环保持架破裂、变形等。

(2)单向离合器的检修方法

①检查单向离合器的锁止方向。单向离合器应在一个方向有效锁止,在反方向可以自由转动。若在锁止方向打滑或在自由转动方向发卡,应更换单向离合器。

②目测检查单向离合器有无变形、拉伤等情况。

③单向离合器沿运动方向旋转时,其转矩必须小于 2.5 N · m。如大于该值则需要更换单向离合器。

金属材料的滚柱式单向离合器不仅装配时严禁击打,装前也应认真检查其上下平面,如发现有凹坑,必须更换。

④单向离合器中的滚柱滚过凹点时会发生卡滞,从而发出明显的“嗡嗡”声。因此,维修时可根据“嗡嗡”声出现的时机来判断具体是哪个单向离合器发生了故障。

任务实训

根据任务要求,在实训场地准备好设备及工具等,以小组讨论的方式制订详细的工作计划或操作流程(工序),对小组成员进行合理分工,实施计划,完成相关任务并记录。

<table>
<tr><td>任　务</td><td colspan="5">单向离合器</td></tr>
<tr><td>姓　名</td><td></td><td>班　级</td><td></td><td>学　号</td><td></td></tr>
<tr><td>实训场地</td><td></td><td>学　时</td><td></td><td>日　期</td><td></td></tr>
<tr><td>设备及工具</td><td colspan="5"></td></tr>
<tr><td>小组成员及分工</td><td colspan="5"></td></tr>
<tr><td colspan="5">工作计划(操作流程或工序)</td><td>结　果</td></tr>
<tr><td colspan="5"></td><td></td></tr>
<tr><td colspan="6">根据结果写出体会或学习计划</td></tr>
<tr><td colspan="6"></td></tr>
</table>

任务练习

一、填空题

1.主流的单向离合器有________、________。

2.楔块式单向离合器由________________等组成。

二、问答题

1.简述单向离合器的工作原理。

2.单向离合器的常见故障有哪些?

情境 5
组合行星齿轮系统

汽车常用的自动变速器,大多数采用组合行星齿轮系统来实现变速和变矩。一般组合行星齿轮系统装在液力变扭器后面。

行星齿轮式自动变速器为获得更为合适的传动比,一般使用的是组合行星齿轮系统,而应用较多的有辛普森式行星齿轮机构和拉维娜式行星齿轮机构。

任务 5.1　辛普森式行星齿轮机构

学习目标

完成本任务后,应达到以下知识目标和能力目标。

【知识目标】

- 了解辛普森式行星齿轮机构的结构及组成;
- 熟悉辛普森式行星齿轮机构的工作原理。

【能力目标】

- 能识别辛普森式行星齿轮机构,并能完成拆装及传动线路分析。

任务引入

日本丰田汽车配备 A240E、A340、A350 等型号的自动变速器,这种类型的自动变速器是否采用的是辛普森式行星齿轮变速机构?

任务实施

辛普森式行星齿轮变速机构被广泛应用于汽车自动变速器。它是以其设计者霍华德·辛普森(Howard Simpson)的名字命名,由辛普森式行星齿轮机构和相应的换挡执行元件组成。

辛普森式行星齿轮机构采用的是双排行星齿轮机构,按照两个行星排在离合器中的位置,分为前行星排和后行星排。其特点是由一个长太阳轮将前后两个行星轮机构连成一体,俗称"前后行星排共用一个太阳轮"。

辛普森式行星齿轮变速器可分为三前进挡和四前进挡两种。这里以三前进挡辛普森式行星齿轮变速器为例加以说明。

三前进挡辛普森式行星齿轮变速器如图 5.1 所示,共有 5 个换挡执行元件,即两个离合器、两个制动器和一个单向离合器,分别为前离合器 C_1、后离合器 C_2、单向离合器 OC、前制动器 B_1 和后制动器 B_2 组成。

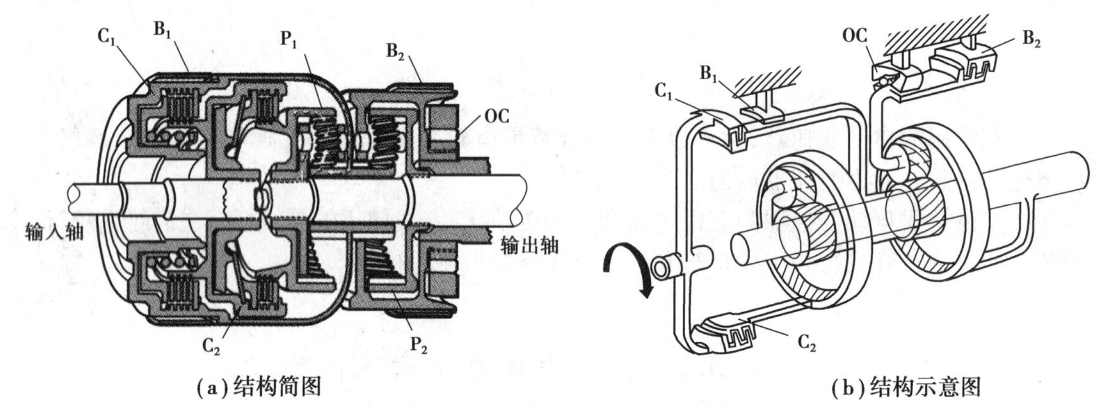

(a)结构简图　　(b)结构示意图

图 5.1　三前进挡辛普森式行星齿轮变速器

其中,倒挡及高挡离合器 C_1 用来连接输入轴和前后太阳轮组件,前进离合器 C_2 用来连接输入轴和后齿圈,二挡制动器 B_1 用来制动前后太阳轮组件,低挡及倒挡制动器 B_2 用来制动前行星架,低挡单向离合器 OC 用来防止前行星架逆转。

5 个换挡执行元件分别处于工作或不工作的状态,可形成不同的挡位,其具体工作状态见表 5.1。

表 5.1　三前进挡辛普森式行星齿轮变速器换挡执行元件关系表

变速杆位置	挡　位	C_1	C_2	B_1	B_2	OC
D	1		*			*
	2		*	*		
	3	*	*			
2	1		*		*	
	2		*	*		
1	1		*		*	
R	倒挡	*			*	
N	空挡					
P	停车挡					

注:* 表示换挡执行元件处于工作状态。

辛普森式行星齿轮机械结构总体布置及实物图如图5.2所示。行星齿轮变速器的两个行星齿轮机构组成元件完全相同。在不同挡位时,动力经不同换挡执行机构及不同的行星齿轮实现传动比的改变。

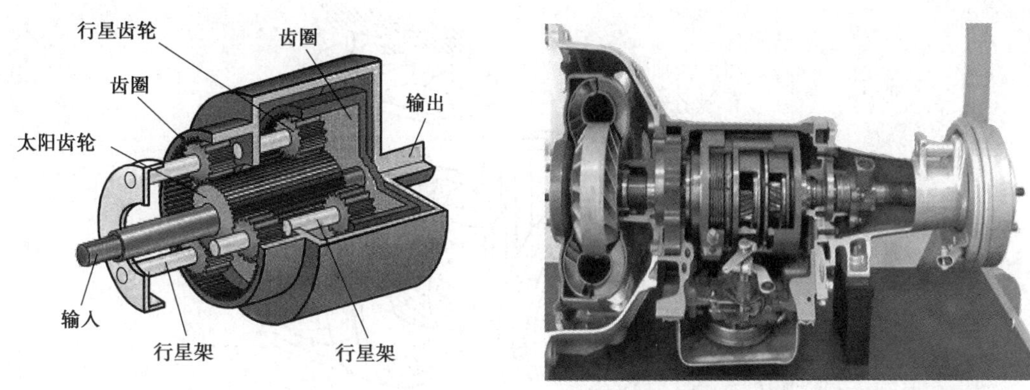

图5.2　辛普森式行星齿轮机械结构总体布置及实物图

(1)D位一挡

后离合器 C_2 处于接合状态,使输入轴驱动左排齿圈转动。单向离合器OC产生制动作用,使右行星架固定不动,如图5.3所示。

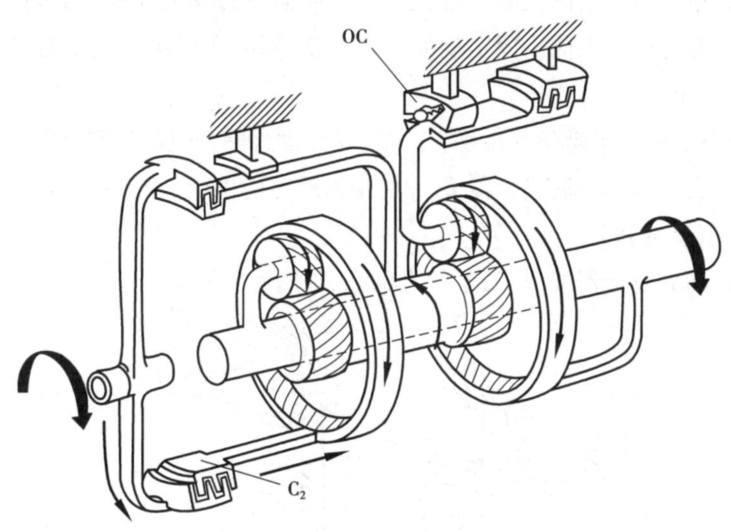

图5.3　D位一挡传动路线

左侧齿圈通过行星轮驱动太阳轮旋转,由于两个行星排共用太阳轮,太阳轮同时驱动右侧行星齿轮转动。由于右行星架向此方向的运转被单向离合器制动,所以右行星轮只能按照图示箭头方向旋转,进而驱动右齿圈输出转矩。

动力传递路线:输入轴→后离合器 C_2→左排齿圈→左行星轮→太阳轮→右行星轮→右排齿圈与左排行星架(一体结构)→输出轴。

(2)D **位二挡**

左离合器 C_2 处于接合状态,左制动器 B_1 处于锁止状态,将太阳轮固定不动,如图 5.4 所示。

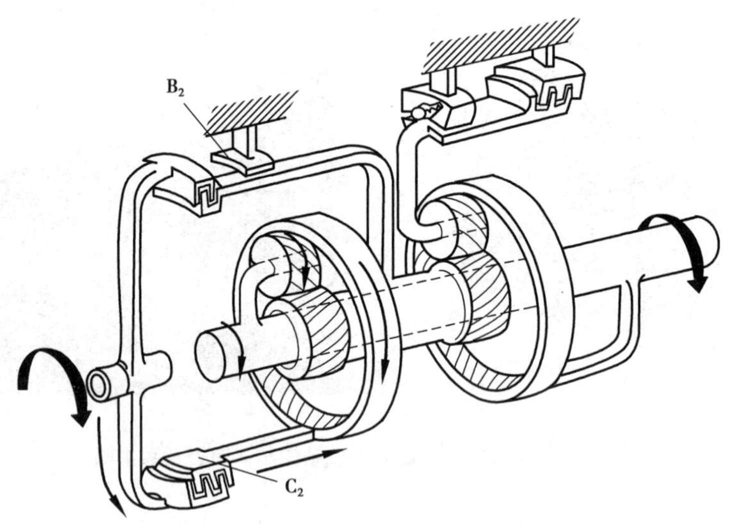

图 5.4　D 位二挡传动路线

后离合器 C_2 接合使左齿圈与输入轴连接成一体而成为输入元件。此时,行星轮转动,由于太阳轮被制动,左行星轮只能沿固定的太阳轮滚动,同时在行星架轴上自转,其结果推动行星架转动并输出转矩。

这一过程只有左侧行星排参与传动,由太阳轮驱动齿圈,实现二挡速比传动。

动力传递路线:输入轴→后离合器 C_2→前排齿圈→前排行星轮→前排行星架→输出轴。

(3)D **位三挡(直接挡)**

前离合器 C_1 和后离合器 C_2 均处于接合状态,如图 5.5 所示。

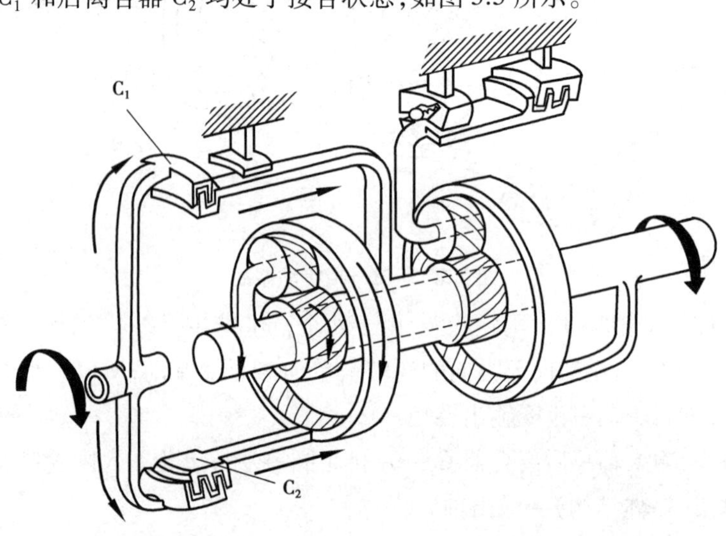

图 5.5　D 位三挡传动路线

前离合器 C_1 接合使太阳轮与输入轴连成一体，后离合器 C_2 接合使前排齿圈与输入轴连成一体。

根据行星齿轮机构的运动规律“三元件中的任意两个元件结合为一体将形成直接挡传动”可知，前排齿圈和太阳轮与输入轴连成一体后，前排行星架将与齿圈、太阳轮一同转动而形成直接挡传动。后排行星齿轮的太阳轮与齿圈连锁，也形成直接挡传动，从而将输入轴的动力直接传递给输出轴。

(4) R 位(倒挡)

前离合器 C_1 处于接合状态，后制动器 B_2 处于锁止状态，如图 5.6 所示。此时，作用元件都在后行星机构，可通过后行星机构计算传动比与旋向。

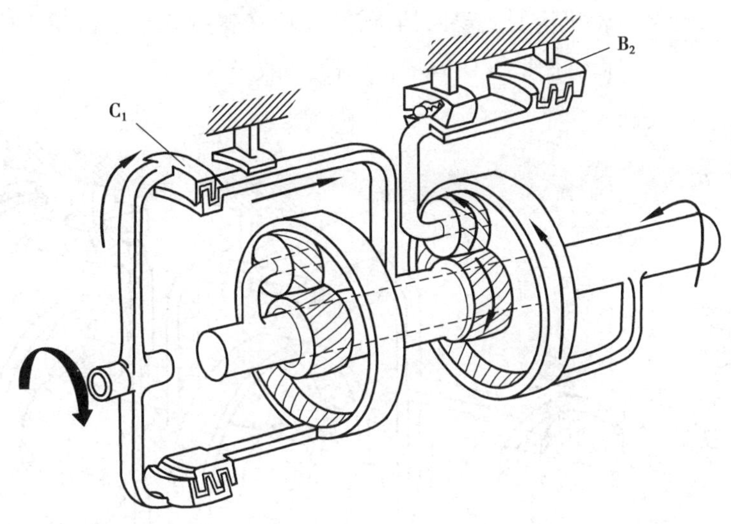

图 5.6　倒挡传动路线

(5) P 位(停车挡)

大多数自动变速器都是通过锁止输出轴实现驻车(停车)。停车锁止机构的结构，如图 5.7 所示，由锁止棘轮 1、锁止棘爪 3、锥销和输出轴 2 组成。

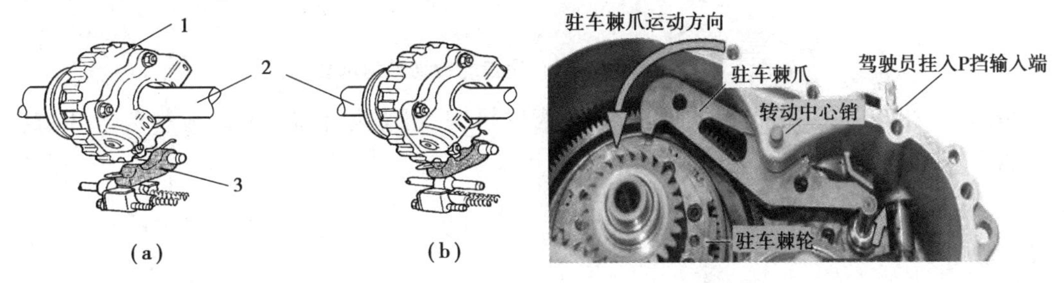

图 5.7　驻车示意图

锁止棘爪一端与固定在变速器壳体上的支承销相连。锁止棘轮与输出轴为一体。锥销通过拉杆与选挡操作杆连接。

当选挡操纵杆处于P位以外的任一位置时，连杆机构与弹簧将拉动锥销，棘爪在回位弹簧作用下脱离锁止棘轮，使变速器输出轴可以旋转，如图5.7(a)所示。

当选挡操纵杆拨到P位置时，连杆机构与弹簧推动锥销将锁止棘爪推向输出锁止棘轮，锁止棘爪的凸齿嵌入棘轮的齿槽中，使输出轴与变速器壳体连成一体而无法转动，如图5.7(b)所示。

现代汽车大多数都采用带有超速挡(即四速)的行星齿轮自动变速器，以便提高汽车的动力性和燃油经济性。

使用辛普森式行星齿轮机构要实现四挡，需要在原辛普森式行星齿轮机构的基础上再增设一个单行星齿轮机构，称为超速O/D行星轮机构，如图5.8所示。

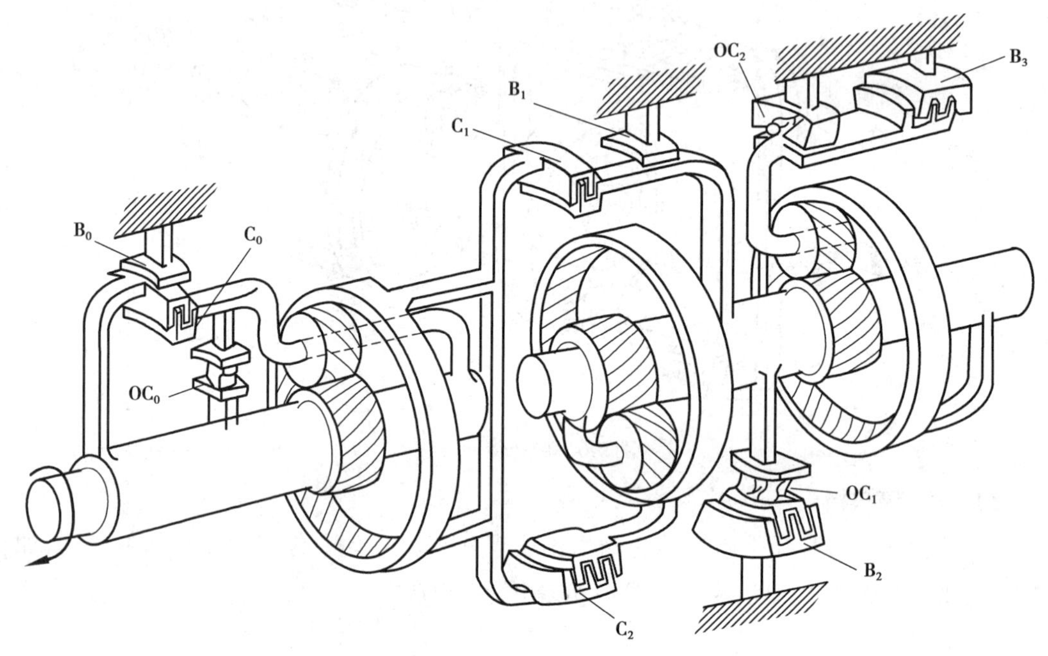

图5.8 四挡辛普森式行星齿轮传动结构示意图

超速行星齿轮机构元件分别是超速行星齿轮机构、超速离合器CO、超速制动器B_0、超速单向离合器OC_0。

任务实训

根据任务要求，在实训场地准备好设备及工具等，以小组讨论的方式制订详细的工作计划或操作流程(工序)，对小组成员进行合理分工，实施计划，完成相关任务并记录。

<table>
<tr><td>任　务</td><td colspan="5">辛普森式行星齿轮机构</td></tr>
<tr><td>姓　名</td><td></td><td>班　级</td><td></td><td>学　号</td><td></td></tr>
<tr><td>实训场地</td><td></td><td>学　时</td><td></td><td>日　期</td><td></td></tr>
<tr><td>设备及工具</td><td colspan="5"></td></tr>
<tr><td>小组成员及分工</td><td colspan="5"></td></tr>
<tr><td colspan="5">工作计划(操作流程或工序)</td><td>结　果</td></tr>
<tr><td colspan="5"></td><td></td></tr>
<tr><td colspan="6">根据结果写出体会或学习计划</td></tr>
<tr><td colspan="6"></td></tr>
</table>

任务练习

一、填空题

1.双排辛普森式行星齿轮变速器通常有 4 个独立元件,分别是________、________、________和________组件。

2.采用辛普森式行星齿轮机构的自动变速器,要实现 D_1 挡位需要________个执行器件等运作。

二、问答题

1.简述有哪些品牌的汽车采用的是辛普森式行星齿轮机构。

2.简述辛普森式行星齿轮机构的工作原理。

任务 5.2 拉维娜式行星齿轮机构

学习目标

完成本任务后,应达到以下知识目标和能力目标。

【知识目标】

- 了解拉维娜式行星齿轮机构的结构与组成;
- 熟悉拉维娜式行星齿轮机构的工作原理。

【能力目标】

- 能对拉维娜式行星齿轮机构进行拆装及传动路线分析。

任务引入

德国大众汽车配备 01M 型号的自动变速器,这种型号的自动变速器是否采用的是拉维娜式行星齿轮变速机构?

任务实施

拉维娜式行星齿轮变速器是与辛普森式齐名并用于各国汽车的自动变速器上,为复合行星齿轮变速机构,由拉维娜式行星齿轮机构和换挡执行元件构成。

拉维娜式行星齿轮机构采用双行星排结构,由左右两组行星轮组成,左侧为单行星齿轮组,右侧为双行星齿轮组。两个行星排共用一个行星架和一个齿圈。行星齿轮结构如图 5.9 所示。

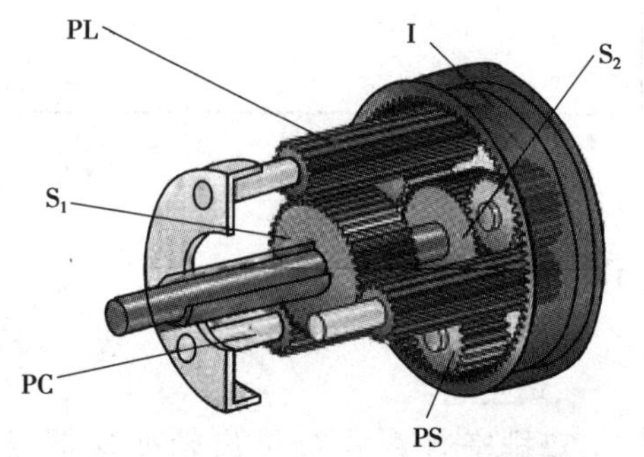

图 5.9 拉维娜式行星齿轮机构的结构

与辛普森式行星齿轮结构相比,拉维娜式行星齿轮结构较复杂。但拉维娜式行星齿轮结构可以获得汽车需要的 3 个或 4 个前进挡,其结构更为紧凑。

如图 5.9 所示,为典型的三挡拉维娜式行星齿轮机构,左侧行星排由大太阳轮 S_1、长行星轮

PL、行星架 PC 和一个齿圈 I 组成。右侧行星排由小太阳轮 S_2、短行星轮 PS、长行星轮 PL、行星架 PC 和齿圈 I 组成。左侧为单行星齿轮结构,右侧为双行星齿轮结构。

其中,太阳轮 S_1、S_2 为动力输入件,齿圈 I 为动力输出件。长行星轮 PL 与齿圈 I 为左右行星轮排共用件。

离合器、制动器和单向离合器组成自动变速器的换挡机构,通过离合器、制动器对行星齿轮结构元件进行动力输入或制动控制,实现变速器的传动比变换。换挡执行元件的名称,通常是根据其工作的挡位命名的。

如图 5.10 中的离合器 C_1 用于连接输入轴和小太阳轮 S_2,它在所有前进挡中都处于接合状态,故称为前进离合器。

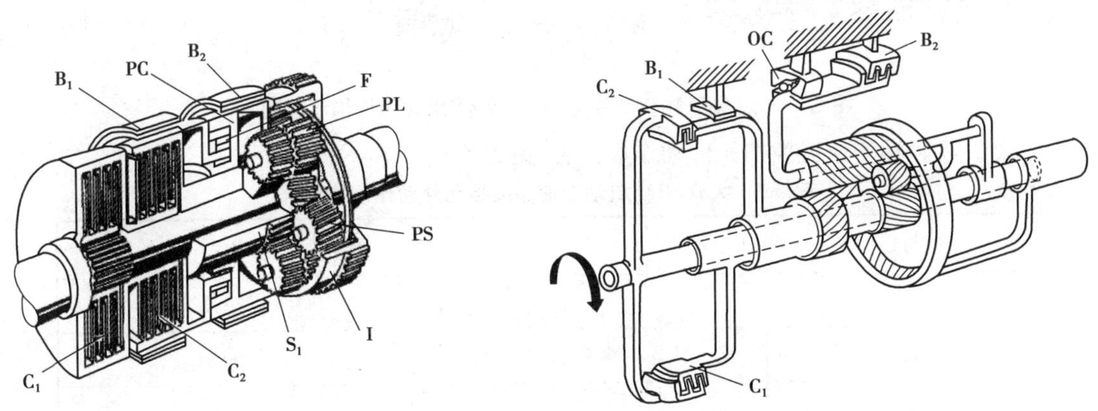

图 5.10　拉维娜式三挡行星齿轮变速器结构及结构简图

C_1,C_2—离合器;B_1,B_2—制动器;OC—单向离合器

离合器 C_2 用于连接输入轴和大太阳轮 S_1,它被用于倒挡和 3 挡(直接挡),故称为倒挡及直接挡离合器。制动器 B_1 用于固定前太阳轮,它在 2 挡时工作,故称为二挡制动器。

制动器 B_2 用于固定行星架,它在倒挡或自动变速器操纵手柄位于前进低挡时工作,故称为低挡及倒挡制动器。

单向超越离合器 OC 在逆时针方向对行星架有锁止作用,它只在 1 挡时工作,故称为 1 挡单向超越离合器。

各换挡执行元件在不同挡位的动作规律见表 5.2。

表 5.2　三挡拉维娜式行星齿轮机构执行元件动作规律表

选　择	挡　位	换挡执行元件				
		C_1	C_2	B_1	B_2	OC
D	1 挡	*				*
	2 挡	*		*		
	3 挡	*	*			
R	倒挡		*		*	

注:* 表示换挡执行元件处于工作状态。

典型的四挡拉维娜式行星齿轮机构应用有大众 01M 自动变速器,其机械结构组成和结构示意如图 5.11 所示,换挡结构增加了离合器 C_3 和制动器 B_2,使发动机动力可以由行星架输入,形成超速挡,所以该结构能够实现 4 个前进挡。

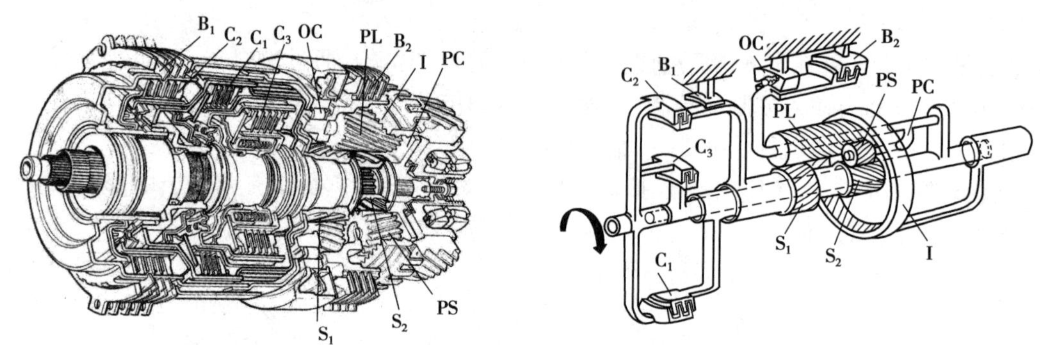

图 5.11 大众 01M 自动变速器机械结构组成和结构示意图

大众 01M 自动变速器换挡元件动作规律表,见表 5.3。

表 5.3 大众 01M 自动变速器换挡元件动作规律表

选挡与挡位		C_1	C_2	C_3	B_1	B_2	OC
P							
R			*			*	
N							
D	1	*					*
	2	*			*		
	3	*	*				
	4			*	*		
1		*				*	

注:* 表示换挡执行元件处于工作状态。

这里以大众 01M 自动变速器为例,分析四挡拉维娜式行星齿轮机构传动线路。

(1)D 位一挡

前进离合器 C_1 处于接合状态,使小太阳轮与输入轴连成一体而成为输入元件。单向离合器 OC 将行星架锁止,使其无法沿逆时针方向转动。小太阳轮顺时针方向转动,使短行星轮按逆时针方向自转,长行星轮沿顺时针方向自转,从而带动齿圈和输出轴沿顺时针方向转动而输出动力,如图 5.12 所示。

此时长行星轮还带动大太阳轮沿逆时针方向空转。

动力传递路线:输入轴→前进离合器 C_1→小太阳轮→短行星轮→长行星轮→齿圈→输出轴。

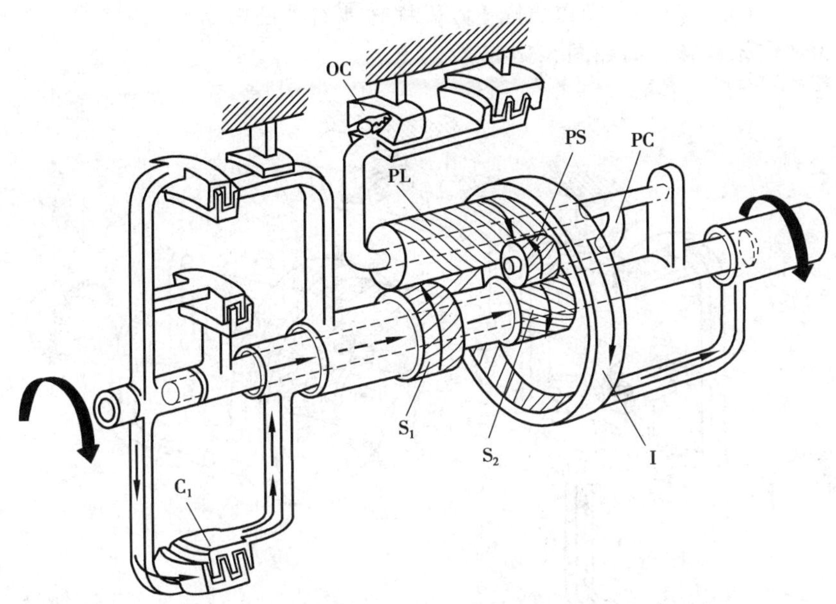

图 5.12　D 位一挡传动路线

(2) D 位二挡

由换挡元件工作规律表可知，二挡时直接挡离合器 C_1 将动力经小太阳轮 S_2 输入行星轮系统；制动器 B_1 将大太阳轮 S_1 制动。

动力传递路线：离合器 C_1→小太阳轮 S_2→短行星齿轮 PS→长行星齿轮 PL 围绕固定的大太阳轮 S_1 转动并驱动齿圈 I 输出动力，如图 5.13 所示。

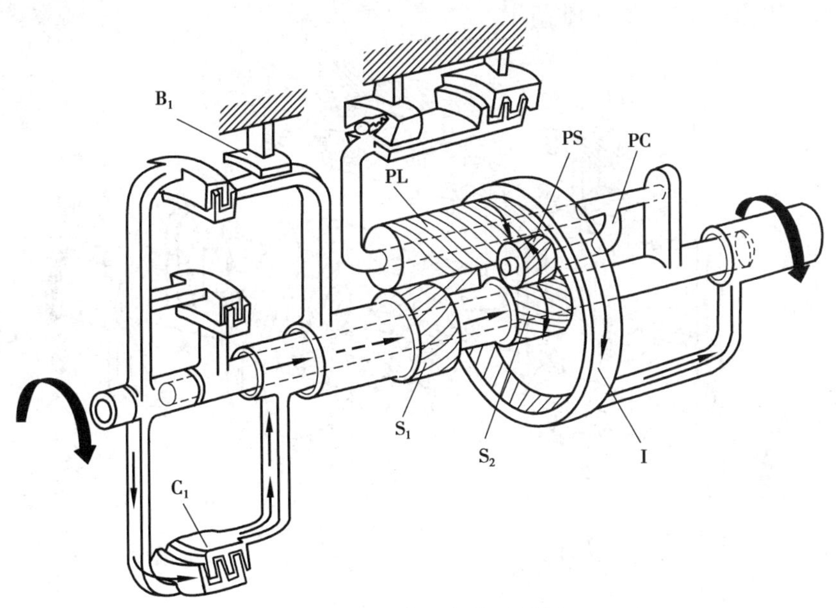

图 5.13　D 位二挡传动路线

(3) D 位三挡

由换挡规律表可知，离合器 C_1、C_3 动作，将发动机动力传动至右太阳轮和行星架，使行星轮系统的两个元件的转速相同，所以齿圈 I 以同样转速对外输出动力。

传动路线和齿轮旋转方向如图 5.14 所示。

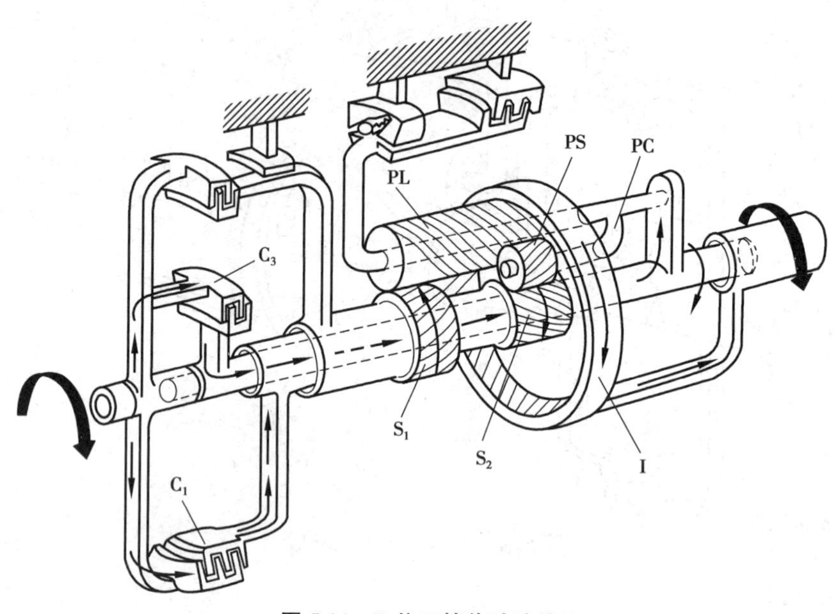

图 5.14　D 位三挡传动路线

(4) D 位四挡

由换挡规律表可知，此时离合器 C_3 接合驱动行星架转动，制动器 B_1 将左侧太阳轮制动，长行星轮在行星架作用下围绕该太阳轮滚动，同时驱动齿圈转动输出动力。

传动路线和齿轮旋向如图 5.15 所示。

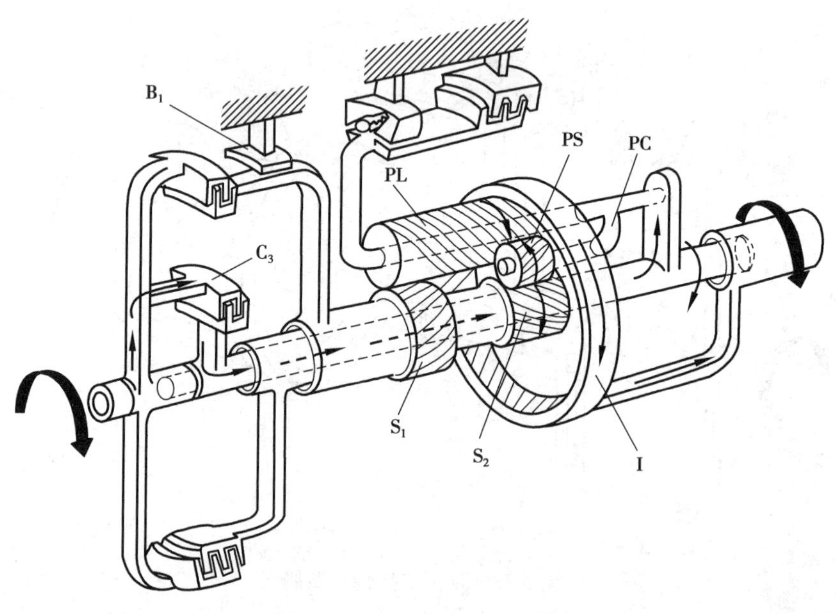

图 5.15　D 位四挡传动路线

(5)倒挡

由换挡规律表可知,倒挡时 C_2 接合传动、B_2 动作对行星架制动。动力经倒挡离合器 C_2、长行星齿轮、齿圈 I 对输出轴输出,如图 5.16 所示。

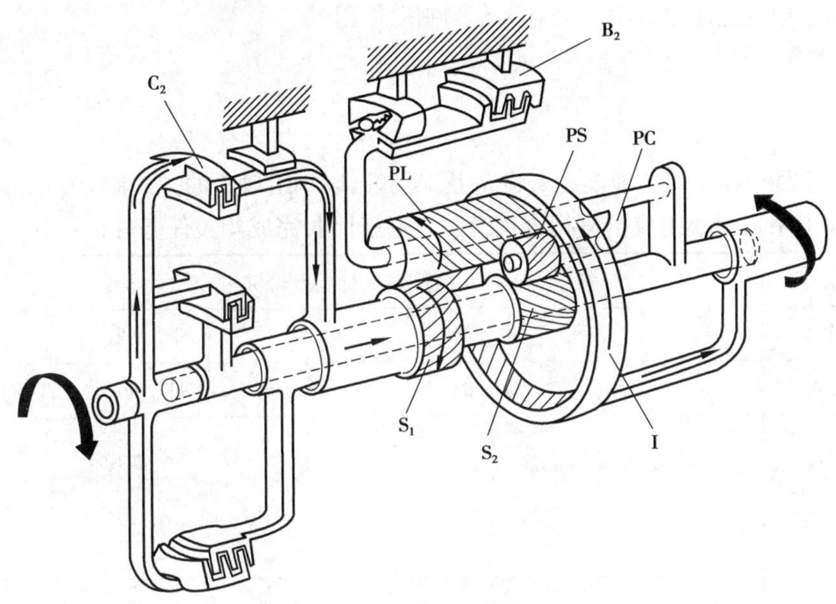

图 5.16　倒挡传动路线

(6)D 位一挡与低速一挡的区别

由换挡规律表可知,同为前进一挡,D 位一挡时只有单向离合器工作。而在低速一挡时,制动器 B_2 工作,取代了单向离合器 OC 的功能,将行星架双向锁止,如图 5.17 所示,使汽车惯性力可以由后向前传递。

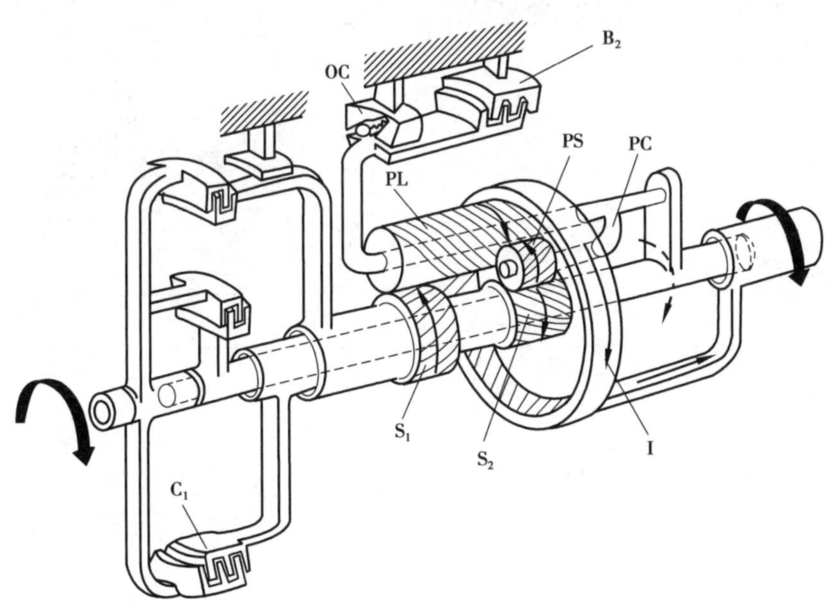

图 5.17　低速一挡时制动器 B_2 锁止行星架

由此可知，由于制动器 B_2 替代了单向离合器 OC 对行星架的制动作用，汽车高速行驶中，发动机转为怠速时，变速器输出轴在汽车惯性力作用下高速转动，齿圈驱动行星轮转动。行星架随之转动，但受到制动器 B_2 限制不能转动，因此反驱动力通过右太阳轮和离合器 C_1 传递到发动机，借助发动机怠速时做功产生对汽车的制动作用。

任务实训

根据任务要求，在实训场地准备好设备及工具等，以小组讨论的方式制订详细的工作计划或操作流程（工序），对小组成员进行合理分工，实施计划，完成相关任务并记录。

任　务	拉维娜式行星齿轮机构				
姓　名		班　级		学　号	
实训场地		学　时		日　期	
设备及工具					
小组成员及分工					
工作计划（操作流程或工序）				结　果	
根据结果写出体会或学习计划					

任务练习

一、填空题

1.拉维娜式行星齿轮机构的主要组成有________、________、________、________、________。

2.3 个前进挡的拉维娜式行星齿轮变速器有 ________个换挡执行元件。

二、问答题

1.简述有哪些型号的自动变速器采用的是拉维娜式行星齿轮变速机构。

2.简述拉维娜式行星齿轮变速机构的工作原理。

情境 6
液压控制自动变速器

液压控制自动变速器的自动换挡依靠的是液压控制系统完成的,其结构复杂,功能多,有必要了解液压控制系统各个部件的组成、结构及工作原理。

下面重点了解常见的液压控制自动变速器的相关内容。

任务 6.1　液压控制系统的组成

学习目标

完成本任务后,应达到以下知识目标和能力目标。

【知识目标】

- 了解液压控制系统的组成;
- 熟悉不同类型液压泵的结构及工作原理;
- 掌握液压控制系统控制机构的结构与工作原理。

【能力目标】

- 能对自动变速器液压控制系统进行拆装和检修,包括液压泵、控制机构等。

任务引入

液压控制自动变速器有非常成熟的技术,不少车型上也应用了液压控制自动变速器,其组成包括哪些内容,各起什么作用?下面介绍液压控制自动变速器的组成和主要功能。

任务实施

液压控制系统主要由动力源、执行机构、控制机构 3 部分组成。

动力源是指被液力变矩器泵轮驱动的液压泵，它除了向控制机构、执行机构供给压力油以实现换挡外，还给液力变矩器提供冷却补偿油，向行星齿轮变速器供应润滑油。

执行机构主要有离合器、制动器、单向离合器和液压缸等。这部分内容在换挡执行机构中已经介绍，此处不再赘述。

控制机构主要包括主油路调压装置、换挡信号装置、换挡阀组、安全缓冲装置、液力变矩器控制装置等。各个部分又包括以下关键部件。

①调压装置（主油路）：主调压阀、第二调压阀。

②换挡信号装置：节气门阀、速控阀。

③换挡阀组：手动阀、换挡阀、强制降挡阀等。

④安全缓冲装置：蓄压器、单向节流阀、顺序阀和调整阀等。

⑤液力变矩器控制装置：锁止信号阀、中继阀等。

自动变速器根据其换挡信号和换挡控制系统采用的是全液压控制还是电子与液压控制，可将自动变速器分为液控自动变速器和电子控制液压自动变速器（简称电控自动变速器）两种形式。图 6.1 为某自动变速器的油路图。

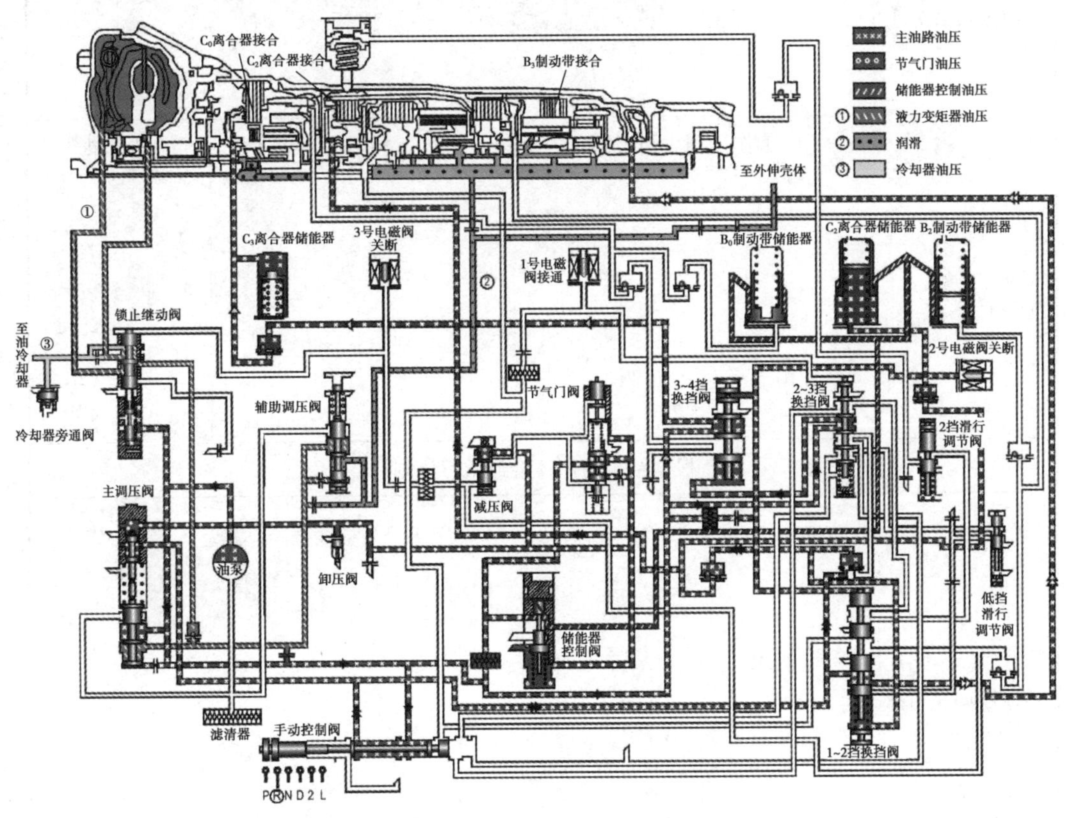

图 6.1　某自动变速器油路图

任务实训

根据任务要求，在实训场地准备好设备及工具等，以小组讨论的方式制订详细的工作计划或操作流程（工序），对小组成员进行合理分工，实施计划，完成相关任务并记录。

<table>
<tr><td>任　务</td><td colspan="5">液压控制系统组成</td></tr>
<tr><td>姓　名</td><td></td><td>班　级</td><td></td><td>学　号</td><td></td></tr>
<tr><td>实训场地</td><td></td><td>学　时</td><td></td><td>日　期</td><td></td></tr>
<tr><td>设备及工具</td><td colspan="5"></td></tr>
<tr><td>小组成员及分工</td><td colspan="5"></td></tr>
<tr><td colspan="5">工作计划（操作流程或工序）</td><td>结　果</td></tr>
<tr><td colspan="5"></td><td></td></tr>
<tr><td colspan="6">根据结果写出体会或学习计划</td></tr>
<tr><td colspan="6"></td></tr>
</table>

任务练习

一、填空题

1.液压控制自动变速器主要由________、________和________3部分组成。

2.液压控制自动变速器最为关键的两个换挡信号是________和________。

二、问答题

1.液压控制自动变速器控制机构主要包括哪些装置？

2.如何区分液压控制自动变速器和电控自动变速器？

任务6.2　液压泵及其检修

学习目标

完成本任务后，应达到以下知识目标和能力目标。

【知识目标】

- 了解汽车自动变速器液压泵的类型及结构；
- 熟悉汽车自动变速器常用液压泵的工作原理。

【能力目标】

- 能对汽车自动变速器常见的液压泵进行拆装和检修。

任务引入

汽车自动变速器液压泵，也称为油泵，在自动变速器中起着非常重要的作用，安装在液力变矩器的后方。

任务实施

液压泵又称为油泵，通常安装在变矩器的后方，由变矩器壳后端的轴套驱动。液压泵的作用是将液压油送至液力变矩器，润滑行星齿轮机构，并为液压控制系统提供运作压力。常见的自动变速器液压泵有内啮合齿轮泵、摆线转子泵、叶片泵3种。

6.2.1　内啮合齿轮泵

内啮合齿轮泵是自动变速器中应用较多的一种油泵，如图6.2所示。

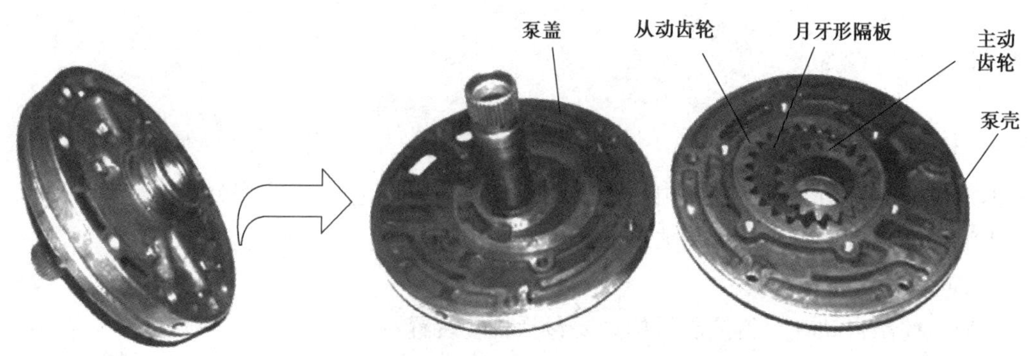

图 6.2　内啮合齿轮泵

内啮合齿轮泵主要由主动齿轮、从动齿轮、月牙形隔板、泵壳、泵盖等组成。月牙形隔板的作用是将小齿轮和内齿轮之间的工作腔分隔为吸油腔和压油腔,使彼此不通,泵壳上有进油口和出油口。

内啮合齿轮泵的工作原理如下:

齿轮式油泵的工作原理如图 6.3 所示。发动机运转时,变矩器壳体后端的轴套带动主动齿轮和从动齿轮一起朝图中顺时针方向旋转。此时,在吸油腔,由于主动齿轮和从动齿轮不断退出啮合,容积不断增加,以致形成局部真空,将液压油从进油口吸入,且随着齿轮的旋转,齿间的液压油被带到压油腔。

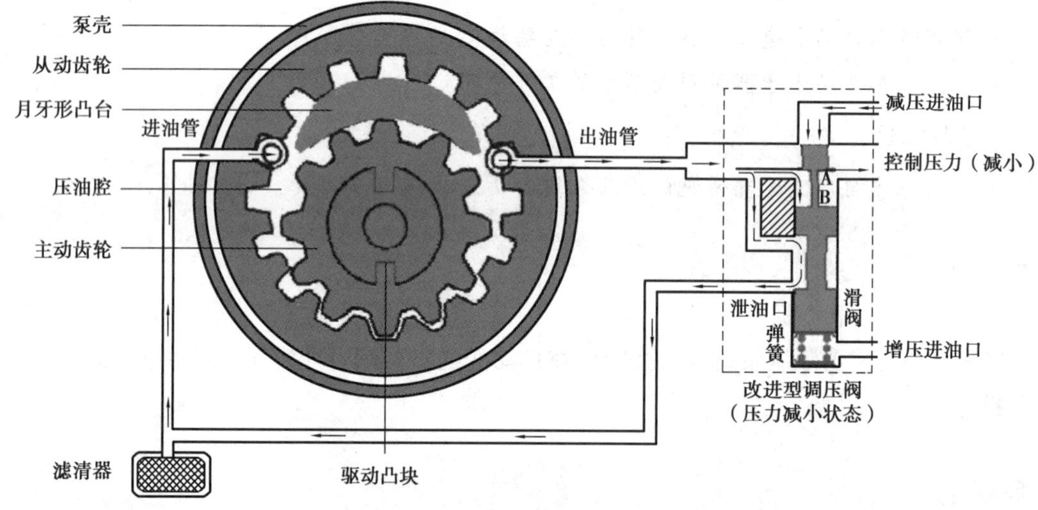

图 6.3　齿轮式油泵的工作原理

在压油腔,由于主动齿轮和从动齿轮不断进入啮合,容积不断减少,将液压油从出油口排出,这就是内啮合齿轮泵的泵油过程。

6.2.2　摆线转子泵

摆线转子泵是一种特殊齿形的内啮合齿轮泵,由内转子、外转子、泵壳及泵盖等组成,如图 6.4 所示。

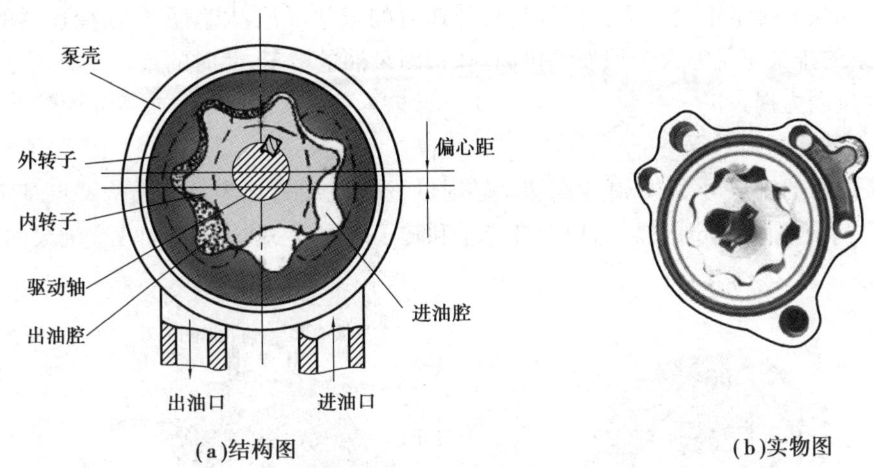

(a)结构图　　　　(b)实物图

图 6.4　摆线转子泵结构图

内转子为外齿轮,其齿廓曲线是外摆线。外转子为内齿轮,其齿廓曲线是圆弧曲线。内外转子的旋转中心不同,两者之间具有偏心距。通常自动变速器上所用的摆线转子泵的内转子都是 10 个齿,而外转子比内转子多 1 个齿。

摆线转子泵的工作原理:

发动机运转时,带动油泵内外转子朝相同的方向旋转。转子转动,工作腔的容积发生变化。当转子朝顺时针方向旋转时,内转子、外转子中心线的右侧的各个工作腔的容积由小变大,以致形成局部真空,将液压油从进油口吸入。在内转子、外转子中心线的左侧的各个工作腔的容积由大变小,将液压油从出油口排出。

6.2.3　叶片泵

叶片泵由定子、转子、叶片及壳体、泵盖等组成,如图 6.5 所示。叶片泵有定量泵和变量泵两种。

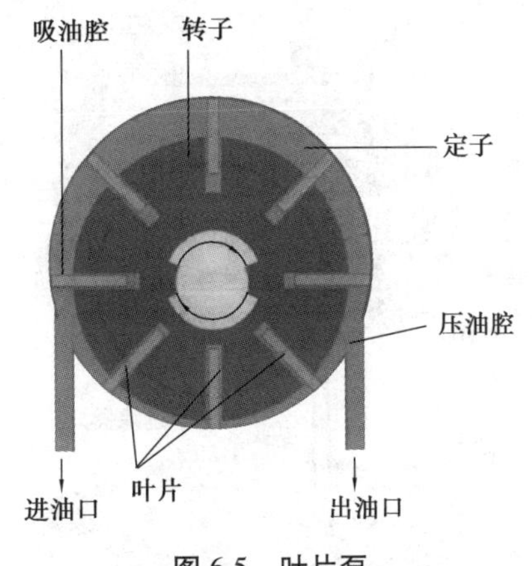

图 6.5　叶片泵

(1)定量式叶片泵

定量式叶片泵转子由变矩器壳体后端的轴套带动,绕其中心旋转。定子是固定不动的,转子与定子不同心,二者之间有一定的偏心距。

定量式叶片泵的工作原理:

当转子旋转时,叶片在离心力或叶片底部的液压油压力的作用下向外张开,紧靠在定子内表面上,并随着转子的转动,在转子叶片槽内作往复运动。

这样在每两个相邻叶片之间便形成密封的工作腔。如果转子朝顺时针方向旋转,在转子与定子中心连线的右半部的工作腔容积逐渐增大,以致产生一定的真空,将液压油从进油口吸入。在中心连线左半部的工作腔容积逐渐减小,将液压油从出油口压出。

定量式油泵的排量不变。为保证发动机低速时的正常泵油，以满足自动变速器的工作需要，要求油泵的排量应足够大。但发动机高速时、因泵油量增多，此时的泵油还必须排泄掉，从而造成发动机动力损失。

(2)可变排量式叶片泵

变量泵油泵的排量可变，以减少高速运转时的发动机动力损失。其结构特点是定子不固定，而是绕一个销轴作一定的摆动，以改变定子和转子之间的偏心距，从而改变油泵的排量，如图 6.6 所示。

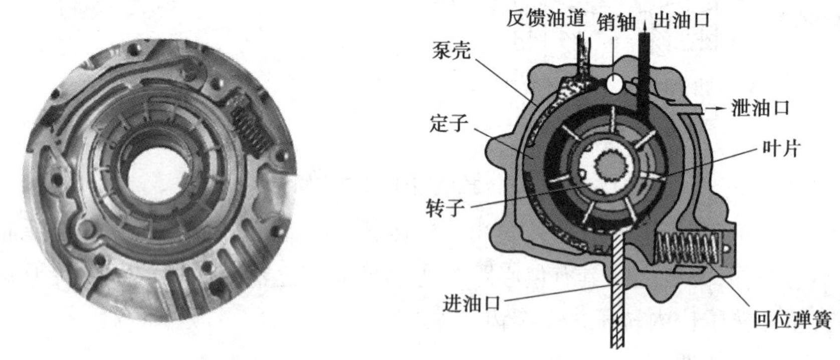

图 6.6　可变排量式叶片泵结构

可变排量式叶片泵的工作原理：

可变排量式叶片泵工作原理如图 6.7 所示。在油泵运转时，定子的位置由定子侧面控制腔内来自油压调节阀的反馈油压控制。

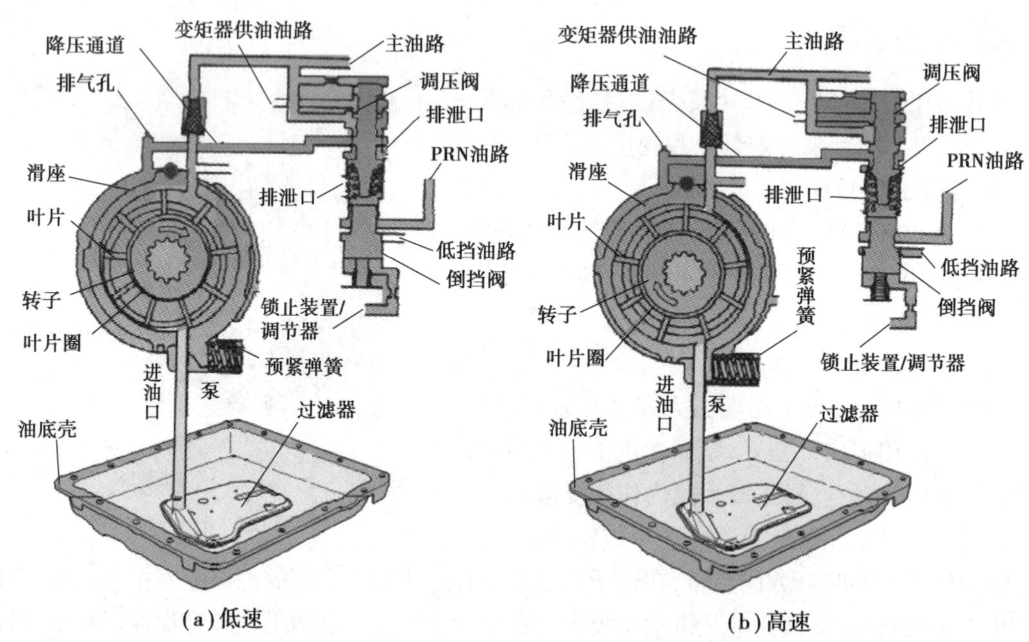

图 6.7　可变排量式叶片泵工作原理

当油泵转速较低时,泵油量较小,油压调节阀将反馈油路关小,使反馈压力下降,定子在回位弹簧的作用下绕销轴向顺时针方向摆动一个角度,加大了定子与转子的偏心距,油泵的排量随之增大。

当油泵转速升高时,泵油量增大,出油压力随之上升,推动油压调节阀将反馈油路开大,使控制腔内的反馈油压上升,在油压作用下,使定子在反馈油压的推动下绕销轴朝逆时针方向摆动,定子与转子的偏心距减小,油泵的排量也随之减小,使泵油量减少直到出油压力降至原来的数值。

变量泵的泵油量在发动机转速超过某一数值后就不再增加,保持在一个能满足油路压力的水平上,从而减少了油泵在高速时的运转阻力,提高了汽车的燃油经济性。

图6.8　液压泵的拆卸

6.2.4　液压泵的检修

以某U241E型号自动变速器为例介绍其液压泵的检修方法。

(1)液压泵的拆卸

步骤1:拆卸离合器鼓油封环,共2个,如图6.8所示。

步骤2:拆卸定轮轴总成,如图6.9所示。

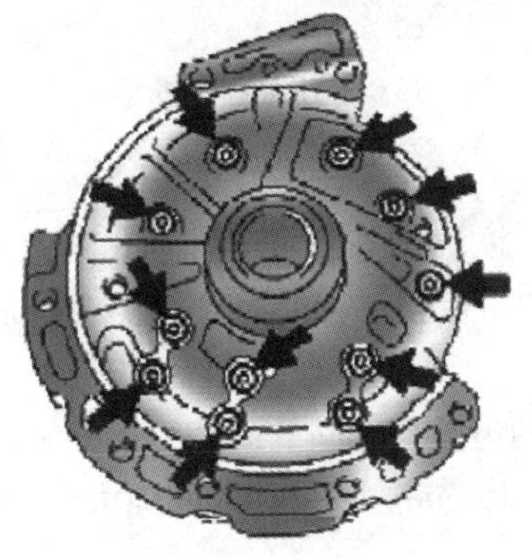
图6.9　液压泵的拆卸

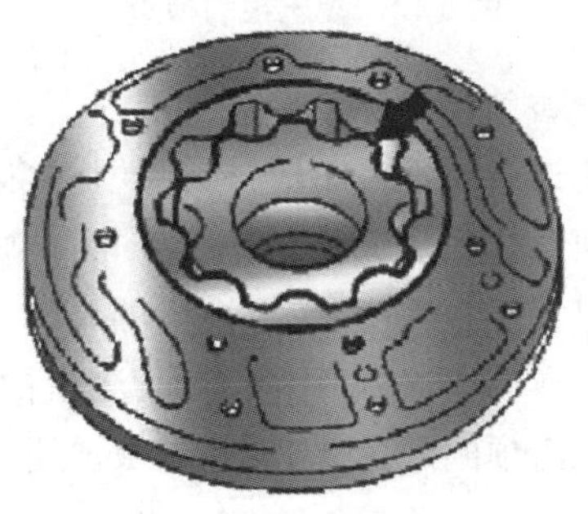
图6.10　液压泵的拆卸

步骤3:拆卸前机油泵主动齿轮,如图6.10所示。

步骤4:用同样的方法,拆下前机油泵被动齿轮。

步骤5:用螺丝刀拆下前机油泵体"O"形圈,建议使用螺丝刀前用胶带缠住刀头。

步骤6:拆下前机油泵油封,如图6.11所示,将机油泵安装在软颚台钳中,然后使用专用工具从机油泵体上拆下油封。

(2)液压泵的检查

1)检查液压泵总成

用螺丝刀旋转主动齿轮,确保转动平滑,如图6.12所示。应特别注意:不得损坏油封唇。

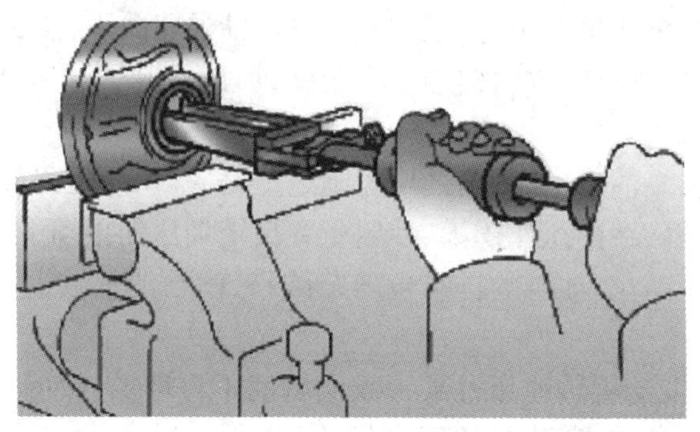

图 6.11　液压泵的拆装

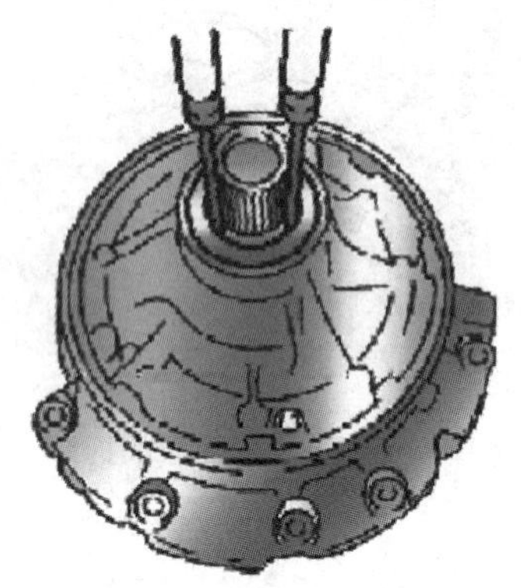

图 6.12　液压泵的检查

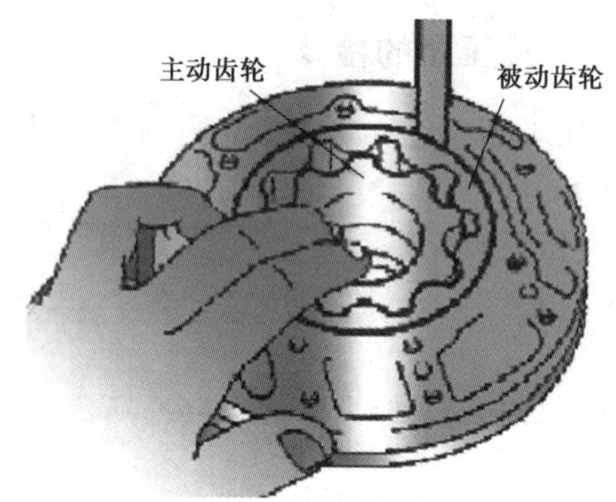

图 6.13　液压泵的检查

2）检查机油泵总成的间隙

将被动齿轮推入泵体一侧，使用侧隙规测量泵体间隙，如图 6.13 所示。

标准泵体间隙为 0.10～0.17 mm，侧隙为 0.02～0.05 mm，最大泵体间隙为 0.17 mm。如果泵体间隙大于最大值，应更换机油泵体分总成。

用同样的方法，使用侧隙规，测量被动齿轮齿和主动齿轮齿之间的间隙。

标准齿顶间隙为 0.07～0.15 mm，最大顶端间隙为 0.15 mm。如果顶端间隙大于最大值，应更换机油泵体分总成。

使用直尺和侧隙规测量两个齿轮的侧隙，如图 6.14 所示。

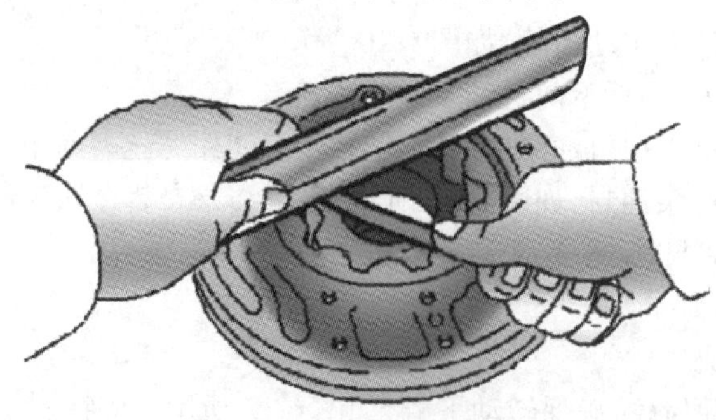

图 6.14　液压泵的检查

标准侧隙为 0.02~0.05 mm,最大侧隙为 0.05 mm。如果不符合要求,应更换。

3)检查前机油泵和齿轮体分总成

用百分表测量机油泵体衬套内径。

标准内径为 38.113 ~ 38.138 mm,最大内径为 38.188 mm。如果内径大于最大值,则更换机油泵体分轴承,如图 6.15 所示。

4)检查定轮轴总成

用百分表测量定轮轴内径。标准内径为 21.500~21.526 mm,最大内径为 31.57 mm。如果内径大于最大值,则更换定轮轴。

(3)装配

1)安装前机油泵油封

用专用工具和锤子将一个新油封安装到机油泵体上,油封端面应与机油泵外边缘齐平,在油封唇部涂上润滑脂,如图 6.16 所示。

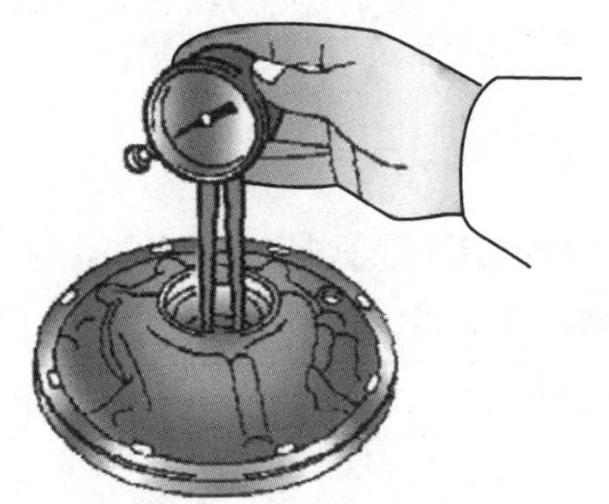

图 6.15　液压泵的检查

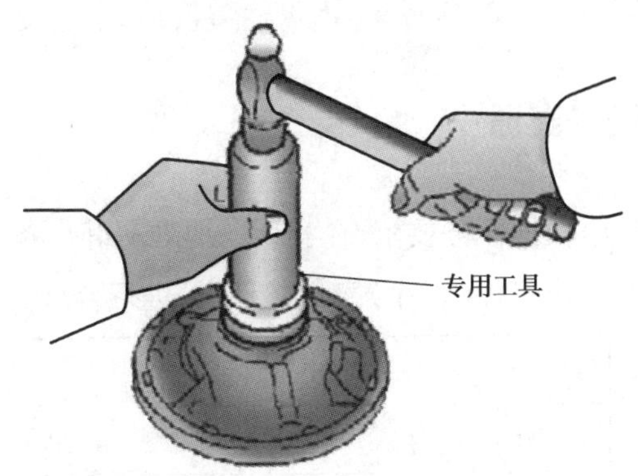

图 6.16　液压泵的装配

2)安装前机油泵体"O"形圈

在新"O"形圈上涂抹自动变速器油,并将其安装到机油泵体上。

3)安装前机油泵被动齿轮

在前机油泵被动齿轮上涂抹自动变速器油,并将其安装到机油泵体上,标记侧向上,如图 6.17 所示。

4)安装前机油泵主动齿轮

用同样的方法,在前机油泵主动齿轮上涂抹自动变速器油,并将其安装到机油泵体上,标记侧向上。

5)安装定轮轴总成

将定轮轴总成中的螺栓孔与前机油泵和齿轮体分总成上的孔对齐,用梅花套筒扳手拧紧 11 个螺栓,扭矩为 9.8 N·m。

6)安装离合器鼓油封环

在两个新的离合器油封环上涂抹自动变速器油,安装两个新的离合器鼓油封环,如图 6.18 所示。

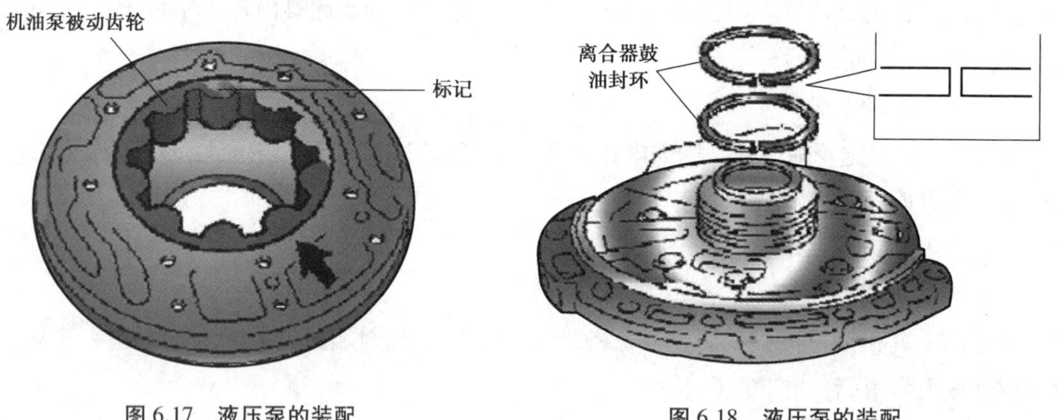

图 6.17　液压泵的装配

图 6.18　液压泵的装配

任务实训

根据任务要求,在实训场地准备好设备及工具等,以小组讨论的方式制订详细的工作计划或操作流程(工序),对小组成员进行合理分工,实施计划,完成相关任务并记录。

<table>
<tr><td>任　务</td><td colspan="5">液压泵及其检修</td></tr>
<tr><td>姓　名</td><td></td><td>班　级</td><td></td><td>学　号</td><td></td></tr>
<tr><td>实训场地</td><td></td><td>学　时</td><td></td><td>日　期</td><td></td></tr>
<tr><td>设备及工具</td><td colspan="5"></td></tr>
<tr><td>小组成员及分工</td><td colspan="5"></td></tr>
</table>

续表

工作计划(操作流程或工序)	结　果
根据结果写出体会或学习计划	

任务练习

一、填空题

1.汽车自动变速器常用的液压泵有________、________、________。

2.内啮合齿轮泵主要由________、________、________、________、________等组成。

二、问答题

1.简述摆线转子泵的工作原理。

2.汽车自动变速器常用的叶片泵有哪两种？它们各有哪些优缺点？

任务 6.3　控制机构

学习目标

完成本任务后，应达到以下知识目标和能力目标。

【知识目标】

- 了解汽车自动变速器控制机构的主要组成装置的作用；
- 熟悉汽车自动变速器控制机构的各个装置的工作原理。

【能力目标】

- 能对汽车液控自动变速器控制机构进行拆装和检修。

任务引入

汽车液控自动变速器的换挡是通过液压的方式实现的，其液压控制机构起着重要的作用。因此，弄清油压调节、换挡实现、安全措施等就显得非常重要了。

任务实施

6.3.1　主油路调压装置

(1)主调压阀

1)功用

根据节气门开度和选挡杆位置的变化，将油泵油压调节至规定值后再输入主油路，形成稳定的工作油压，以满足自动变速器各种工况对油压的要求。

2)结构

主调压阀由阀芯、调压弹簧、柱塞、柱塞套组成，如图 6.19 所示。在阀的上端 *A* 处，受到来自油泵的液压力作用。下端则受到柱塞下部 *C* 处的来自发动机节气门所控制的节气门阀的液压力作用，以及调压弹簧的作用力。*A*、*C* 两端液压作用力的平衡，决定阀体所处的位置。

3)工作原理

①若油泵压力升高，作用在 *A* 处向下的液压力增大，推动阀芯下移，当阀芯下移到一定程度时，泄油孔打开，开始泄油，油泵输出的部分油液经回油油道排回到油底壳，这样主油压不再升高，使工作油压被调整到规定值，如图 6.20(a)所示。

②当踩下加速踏板时，发动机转速增加，油泵转速也随之加快，由油泵产生的液压力也升

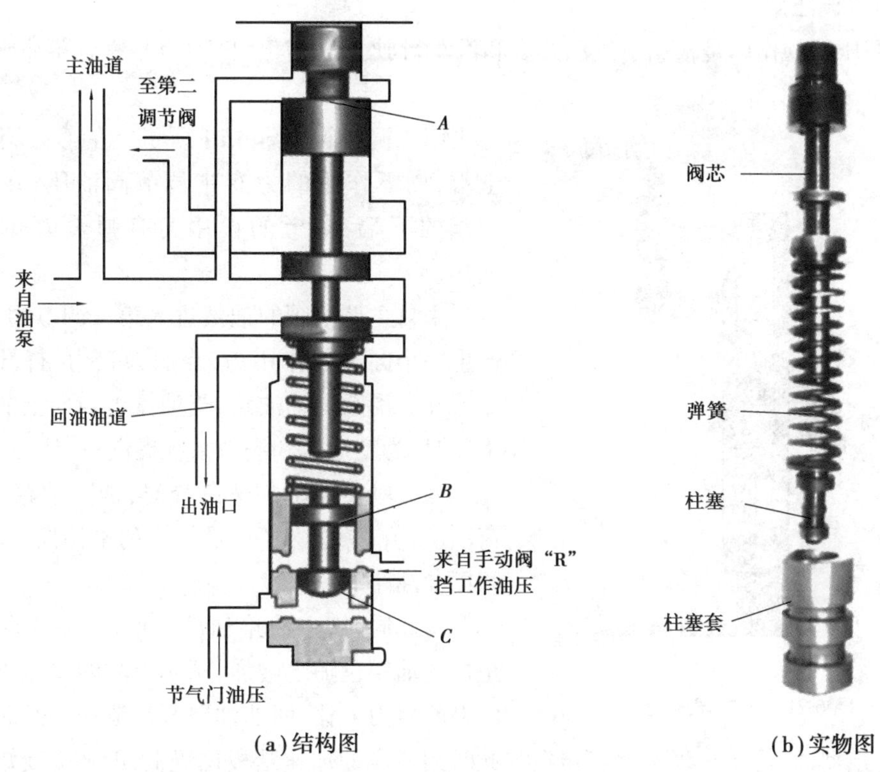

(a)结构图　　(b)实物图

图 6.19　主调节阀

高,向下的液压作用力增大,但此时,加速踏板控制的节气门阀油压也增大,使得作用在柱塞下部 C 处向上的力也增加,于是主调压阀继续保持平衡,满足了发动机功率增加时主油道压力增大的要求,如图 6.20(b)所示。

③倒挡时,来自手控阀"R"位置的工作油压作用到柱塞的 B 处,阀芯又增加了一个向上的作用力,阀芯上移,泄油孔被关小,主油道油压增大,如图 6.20(c)所示。

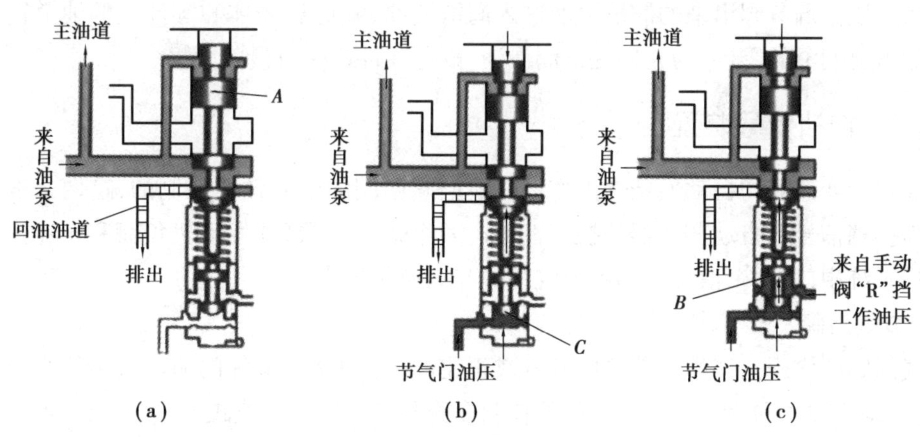

(a)　　(b)　　(c)

图 6.20　主调压阀工作原理

(2)第二调压阀

第二调压阀的作用是根据节气门开度和汽车行驶车速变化,自动调节变矩器油压和润滑系统的油压。

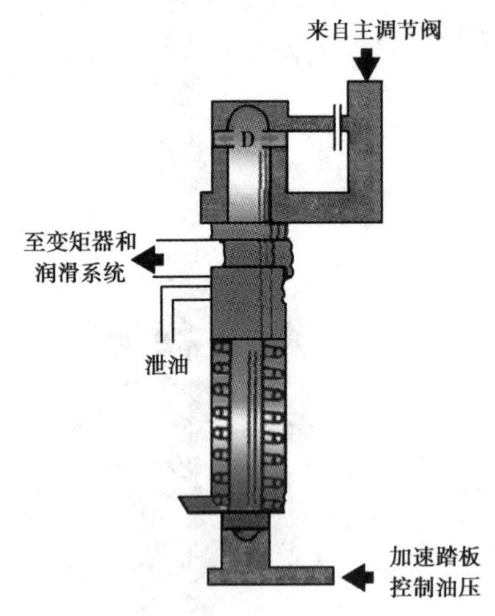

图 6.21　第二调压阀

第二调压阀如图 6.21 所示。在第二调压阀的上端,向下作用的力有主调节阀油压;在第二调节阀的下端,向上的作用力有弹簧力和节气门油压。

来自主调节阀的油液进入第二调节阀的上端,产生一个向下的作用力,克服弹簧力,打开通往变矩器和润滑系统的油路,当油压力与向上的弹簧力平衡时,为变矩器和润滑系统提供一定压力油。

当驾驶员踩下加速踏板时,加速油路油压(负荷油压)升高,破坏了阀芯原来的平衡向上移动,封闭回油油路。

与此同时,主油路油压也增加,使通向液力变矩器的油压也随之增加,阀芯上方的油压克服阀芯向上的阻力下移,回油油路开启泄油。阀芯上方的油压(即变矩器油压)不再增加并稳定在与此时相适应的加速踏板位置上,即液力变矩器的工作油压被调节。

当松开加速踏板时,加速油路油压(负荷油压)下降,阀芯向下移动,回油油路开口加大,变矩器油压通过回油油路泄出,油压下降。同时,发动机转速(负荷)减小使液力变矩器油压下降,即主油路油压下降。

当液力变矩器油压降到某一定程度时,阀芯上移阻止液力变矩器油压继续下降。阀芯最终稳定在与此时相适应的加速踏板位置上。

从第二压力调节阀出来的润滑油液进入润滑油路,并通过壳体和零件上的油道输送到自动变速器需要润滑的零件,为它们提供润滑油,以免零件产生过量的磨损。

6.3.2　换挡信号装置

液控自动变速器的自动换挡是由作用在换挡阀两端的信号油压控制的,这两个换挡信号油压即为换挡信号。自动变速器的换挡控制有两个信号参数,即发动机负荷和车速。在液压控制换挡系统中,这两个信号分别由节气门阀和调速阀提供。

(1)节气门阀

节气门阀的作用是产生与节气门开度成正比的控制油压(节气门油压),传给主调压阀和换挡阀,控制主油压和换挡。节气门阀的控制压力与节气门开度成正比。

节气门阀的工作由节气门开度控制。根据控制方式的不同,节气门阀分为机械式和真空式两种。

1) 机械式节气门阀

机械式节气门阀由节气门阀体和强制降挡阀等组成,如图 6.22 所示。节气门阀和强制降挡阀柱塞并不直接接触,而是通过调压弹簧联系在一起,强制低挡柱塞下装有滚轮,与节气门阀凸轮接触。

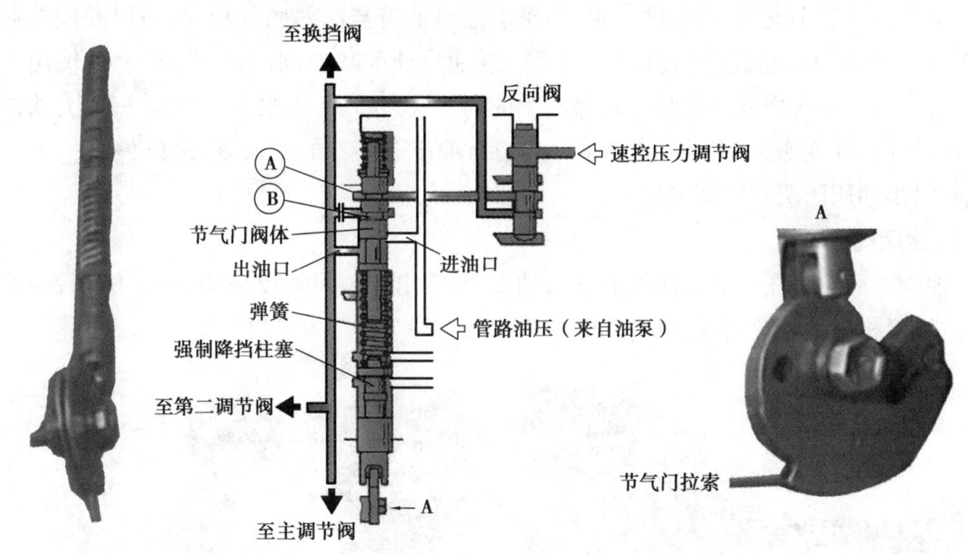

图 6.22　节气门阀

节气门阀凸轮经节气门拉索与加速踏板相连。来自油泵的管路油压由节气门阀的进油口进入,经节气门阀调节后,从出油口通往换挡阀。

踩下加速踏板时,强制降挡柱塞上移,压缩弹簧,使向上的作用力增大,节气门阀体上移,使进油口开大,从节气门输出的油压增高。节气门开度越大,强制、降挡柱塞压缩弹簧的力越大,阀体上移越多,相应的节气门油压越高,从而使发动机节气门开度(即发动机负荷)的大小与自动变速器节气门输出油压有了对应关系。

节气门油压在输出到用油部位的同时,还作用在环槽 B 上。由于环槽 B 的上下截面不相等,因而产生向下的作用力,当负荷油压上升到一定数值时,作用在环槽 B 的油压使阀体下移,使节气门阀的进油口关小、并使阀体保持稳定,此时的负荷油压也就稳定在某一特定数值。

2) 真空式节气门阀

真空式节气门阀由真空气室、膜片、膜片弹簧、推杆和滑举等组成,如图 6.23 所示。

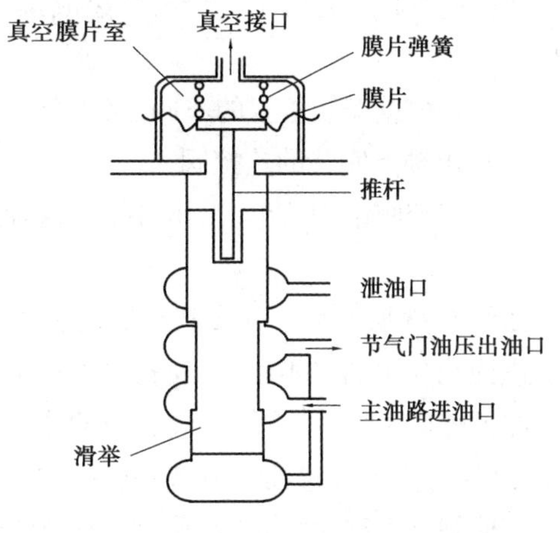

图 6.23　真空式节气门阀

当节气门开度小时,由于发动机进气管真空度高,在真空气室内产生较大的吸力而吸动膜片上移,膜片通过推杆带动阀芯上移,使进油口开度减少,泄油口开度增大,所以从出油口流向系统的油压较低;随着节气门开度增大,发动机进气管真空度降低,在真空气室内产生的吸力也减少,在弹簧的作用下,膜片通过推杆将阀芯下移,使进油口开度增大,泄油口开度减小,因此从出油口流向系统的油压升高;节气门开度越大,真空度越低,输出油压越高。

当节气门位置不变时,真空度一定,由于出油口油道与阀芯底部相通,所以在阀芯底部产生一个向上的推力,使阀芯克服弹簧力上移,进油口开度减少,泄油口开度增大,输出油压降低。同时输出油压的降低又使阀芯底部产生的向上推力降低,克服不了弹簧作用力,阀芯又下移,又使进油口开度增大,泄油口开度减小,输出油压升高。如此反复,最终停在一个平衡位置,此时输出油压已调整到规定值。

(2)速控阀

速控阀一般安装在自动变速器的输出轴上,与输出轴一起旋转,利用离心力来控制阀芯的位置,所以又称为离心速控阀,速控阀的实物如图 6.24 所示。

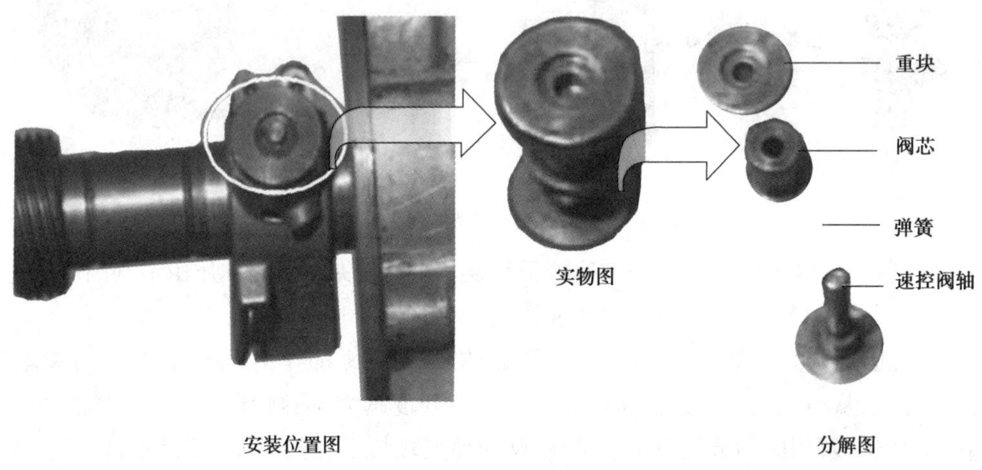

图 6.24　速控阀

速控阀的作用是输出一个与车速成正比的控制油压(速控油压),传给换挡阀,以便控制换挡。

速控阀根据安装位置的不同,又可分为输出轴上安装的速控阀和中间传动式速控阀两类。

1)输出轴上安装的速控阀

这类速控阀结构简单,工作可靠。这种速控阀通常用在前置发动机、后轮驱动的自动变速器上。

如图 6.25 所示为一种安装在输出轴上的双级调速器阀,重块为初级飞块,阀芯为次级飞块。进油孔与主油路相通,出油孔输出速控阀油压,泄油孔用来泄油以调节速控阀油压。

在低速区工作时,重块在离心力的作用下外移,并通过弹簧带动阀芯一起外移,打开进油孔,主油路压力油经进油孔节流减压后成为速控阀油压。作用在阀芯上的速控阀油压向下的作用力使阀芯下移,关小进油孔,直至速控阀油压的作用与离心力平衡为止,因重块质量大,随着车速提高,输出轴转速升高,离心力增大,速控阀油压急剧升高,如图 6.25(a)所示。

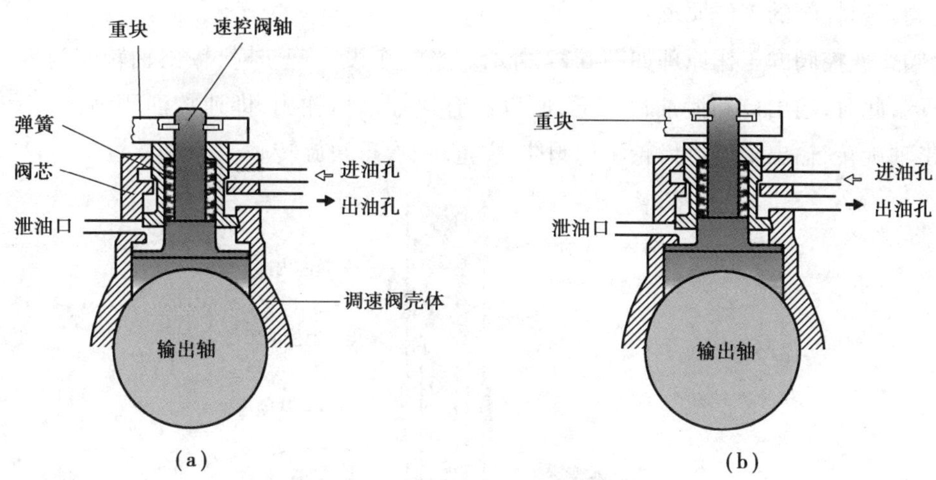

图 6.25　节流式双极速控阀

当车速继续提高时，重块带动速控阀轴逐渐外移，直至速控阀轴内端的平面抵靠速控阀外壳的台阶为止，如图 6.25(b)所示。

此后车速再提高，重块不再外移，因此速控阀油压仅靠阀芯的离心力来调节。由于阀芯质量较小，其离心力增大较慢，从而使速控阀输出油压缓慢增大。

当车速下降时，离心力下降，速控阀油压对阀芯向下的作用力使之下移，打开泄油口，通过泄油使速控阀油压降低。当车速维持一定时，进油口和泄油口都处于关闭状态，速控阀油压维持一定的值不变。

2) 中间传动式速控阀

中间传动式速控阀通常安装在自动变速器壳体上，速控阀轴通过齿轮传动与输出轴相连。

这类速控阀具有拆装方便的特点，常用在前轮驱动的自动变速驱动桥上。

图 6.26 为齿轮驱动的滑阀式速控阀结构图，它由阀体、阀芯、主重块、次重块、弹簧、从动齿轮等组成。阀体上有进油口、出油口和泄油口。

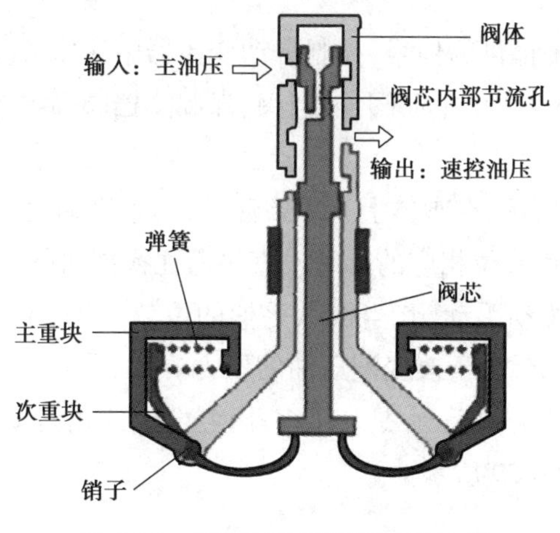

图 6.26　齿轮驱动的滑阀式速控阀

滑阀式速控阀的工作原理：

滑阀式速控阀的工作原理如图 6.27 所示。当汽车没有起步时，输出轴转速为零，阀芯处于最下端，此时，输出口和泄油口相通，所以没有速控油压输出，即速控油压为零。汽车起步后，输出轴旋转，输出轴通过齿轮驱动阀体、主重块、次重块旋转。

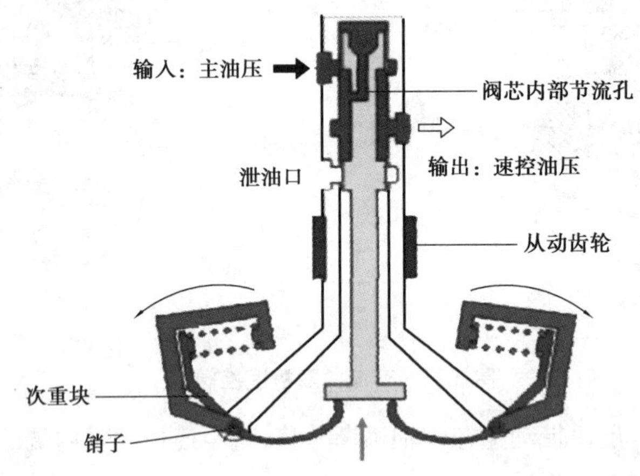

图 6.27 滑阀式速控阀的工作原理

在离心力的作用下，主重块绕销子向外摆动，通过弹簧推动次重块绕销子也向外摆动，次重块的另一端推动阀芯上移，主油压经节流口节流后形成速控油压经输出口输出，同时速控油压经阀芯内部的节流孔进入阀芯上端，对阀芯产生向下的作用力。转速保持稳定时，阀芯上下所受力平衡而保持不变，速控阀输出稳定的速控油压。

若车速升高，重块的离心力增大，阀芯下端所受的推力增大，阀芯上移，节流口增大，速控阀输出速控油压升高，直至达到新的平衡位置，从而使速控阀输出油压能随着输出轴转速（即车速）的增大而增高。

6.3.3 换挡阀组

换挡阀组根据换挡系统提供的信号，控制自动变速器中液压操纵油路的方向，由此决定换至不同挡位，换挡信号装置主要由手动阀、换挡阀、强制降挡阀等组成。

(1) 手动阀

手动阀结构如图 6.28 所示，在阀体上有多条油道，一条进油道与主管路相连，其余为出油道，分别通往 P、R、N、D、2 和 L 位相应的滑阀或直接通往换挡执行元件。

驾驶员通过操纵手柄拨动手动阀，当操纵手柄的位置不同，手动阀也随之移至相应的位置，手动阀只改变液压油的路线，不改变液压油的压力。

手动阀安装在自动变速器阀板上，是一个多路换挡阀，它由自动变速器换挡操纵手柄通过变速器杆和拉索控制，如图 6.29 所示。

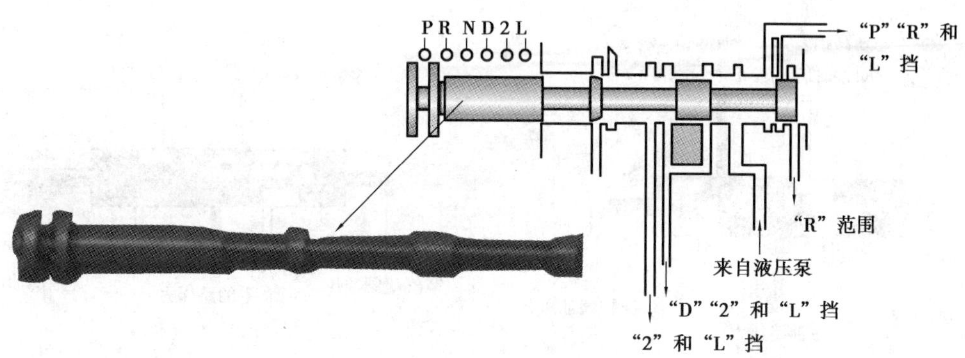

图 6.28　手动阀结构

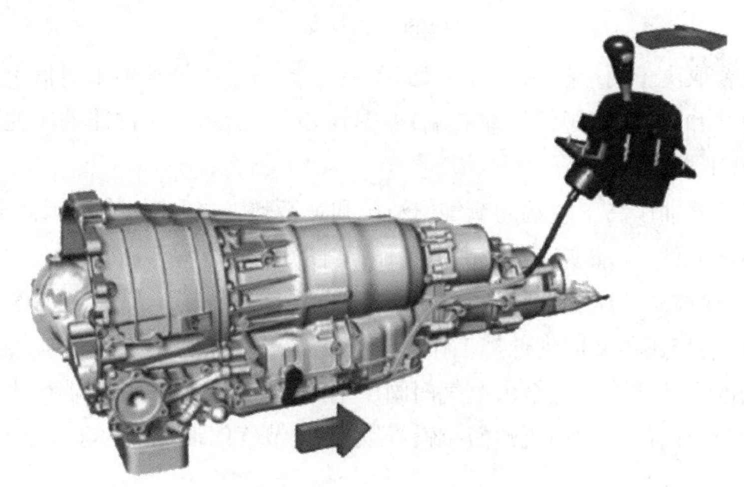

图 6.29　操纵手柄与手动阀的连接

操纵手柄的作用与普通手动变速器的换挡杆不同。手动变速器换挡杆的工作位置就是变速器的挡位,变速器有几个挡位,手柄就有几个工作位置。

而自动变速器操纵手柄的位置是自动变速器的工作方式,与挡位数并不对应。如手柄置于前进挡(D)位置时,对 3 挡自动变速器而言,变速器可根据换挡信号在 1~3 挡间自动变换。对 4 挡自动变速器而言,变速器则可根据换挡信号在 1~4 挡间自动变换。

当手柄置于前进低挡 2 位(或 S 位)时,自动变速器只能在 1~2 挡间自动变换。

当手柄置于前进低挡 1 位(或 L 位)时,自动变速器被限制在 1 挡工作。手动阀还提供入挡(R)、空挡(N)、驻车挡(P)等功能。

(2)换挡阀

换挡阀是弹簧液压作用式的方向控制阀,它有两个工作位置,可以实现升挡或降挡的自动变换。

如图 6.30 所示是一种由液压控制的 2 位换挡阀。在换挡阀的右端作用来自调速器的调速器油压,左端作用来自节气门阀的节气门油压和换挡阀弹簧的弹力。

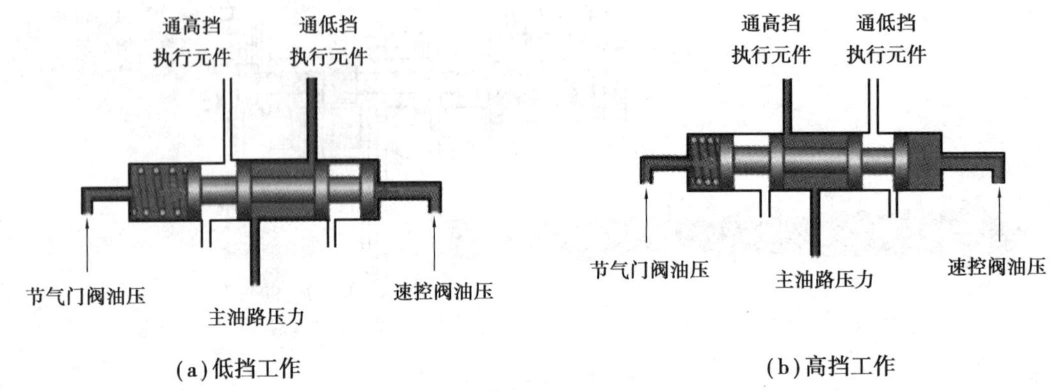

图 6.30　换挡阀

换挡阀的位置取决于两端控制压力的大小之差。当右端的调速器油压低于左端的节气门油压和弹簧弹力之和时,换挡阀保持在右端,如图 6.30(a)所示。主油路油压通向低挡执行元件,自动变速器在低挡工作。

当右端的调速器油压高于左端的节气门油压和弹簧弹力之和时,换挡阀移至左端,主油路油压通向高挡执行元件,自动变速器在高挡工作,如图 6.30(b)所示。

如车速下降,速控阀油压也会降低,自动换挡阀阀芯在节气门油压作用力和弹簧力共同作用下移向右端,自动变速器又回到低挡工作。

自动变速器的升挡和降挡完全由节气门阀产生的节气门油压和调速器产生的调速器油压的大小来控制。节气门阀由发动机油门拉索操纵,因此节气门油压取决于发动机油门的开度;调速器油压取决于车速。

由于每个换挡阀只有两个位置,因此它只能控制相邻两个挡位的升挡和降挡过程。故对 3 挡自动变速器而言,要设置两个换挡阀,对 4 挡变速器而言,要设置 3 个换挡阀,它们的工作原理完全一样,只是控制的挡位不同而已。

(3)强制降挡阀

在车辆行驶过程中,只有车速降低到一定程度时,自动变速器才会降回低速挡。因此,在自动变速器上设置了强制降挡阀。它的功用是汽车在高车速下行驶,踩加速踏板到底而加速不够强烈时,则将自动变速器在瞬间强制降低一个挡位,即“强制降挡”。

强制降挡阀的工作原理:

当汽车在较高车速行驶时,突然加大节气门开度进行加速时,强制降挡阀将主油路的压力油作用于自动换挡阀节气门阀油压端,与节气门阀油压共同作用,由于此时作用的油压远高于节气门阀油压,所以其作用结果是将自动换挡阀阀芯向低挡方向移动,从而使自动变速器降挡。由此可见,强制降挡阀实质上是一个油路转换阀。

常用的强制降挡阀有滚轮式和电磁式两种。

1)滚轮式强制降挡阀

滚轮式强制降挡阀如图6.31所示。它与节气门阀安装在同一阀体内,一端通过弹簧与节气门阀相连,另一端通过滚轮与节气门凸轮接触。

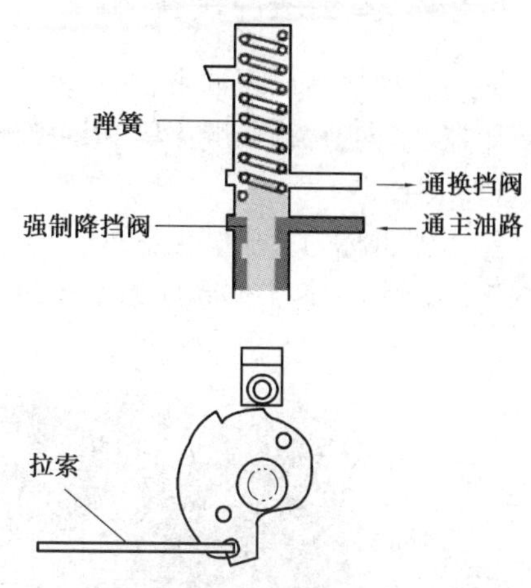

图6.31　滚轮式强制降挡阀

与强制降挡阀配合的阀体上有两条油路,分别和锁止调节阀及换挡阀相通,作为输入及输出。当加速踏板踩下较少时,节气门凸轮将强制降挡阀顶起很少,主油路与换挡阀油路不通。

如果加速踏板被几乎踩下(即节气门开度超过85%)时,主油路与换挡阀油路相通,油液流向降挡阀油路。

这样,来自锁止调节阀的压力油(与主油路油压相当)经强制降挡阀阀芯通至换挡阀的节气门阀油压作用端,换挡阀阀芯在油压的作用下向降挡方向移动,自动变速器降低一挡。

当短时间急加速的工作结束后,稍松开加速踏板,强制降挡阀隔断主油路与换挡阀油路,自动变速器便会重新回到高速挡工作。

降挡阀同时受到调速阀和节气门阀的控制,强制降挡不可能使自动变速器降至最低挡,而只会在上一挡的基础上降低一挡。

2)电磁式强制降挡阀

如图6.32所示为一种电磁式强制降挡阀,主要由电磁阀、强制降挡开关、阀芯、弹簧等组成。

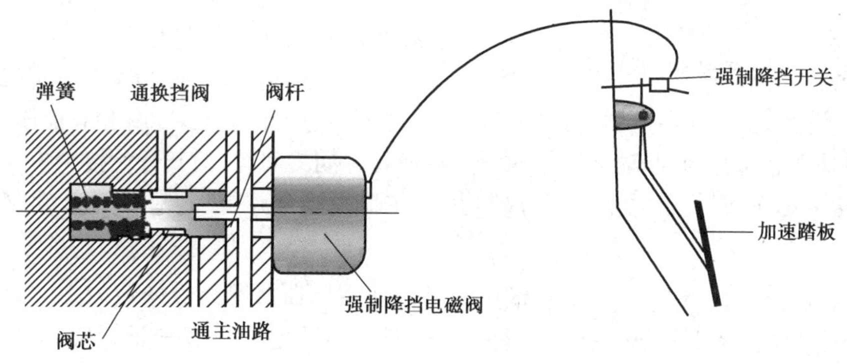

图6.32　电磁式强制换挡阀

强制降挡开关安装在加速踏板下,加速踏板接近踩到底时,强制降挡开关闭合,向电磁阀供电,阀芯受到电磁力的作用而移动,打开油路,油液压力作用在阀芯上,阀芯向降挡方向移动,使自动变速器降挡。

6.3.4 安全缓冲装置

为防止换挡时出现冲击,在自动变速器中装有许多起缓冲和安全作用的液压阀和减振器,如蓄压器、单向节流阀、顺序阀和调整阀等。

(1)蓄压器

蓄压器也称为蓄压减振器或储压器,常用来缓冲换挡冲击,一般由减振活塞和弹簧组成,如图 6.33 所示。其工作原理如图 6.34 所示。

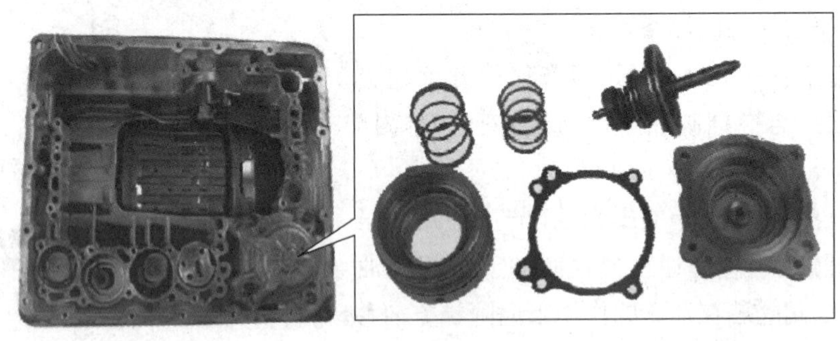

图 6.33 蓄压器

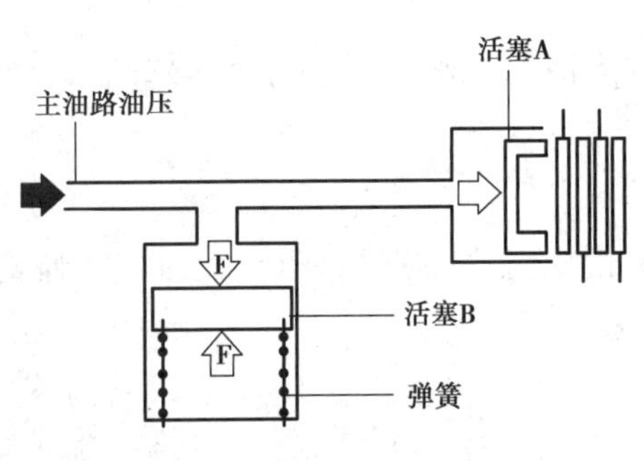

图 6.34 蓄压器的工作原理

蓄压器与离合器或制动器并联安装,压力油进入离合器或制动器活塞工作腔 A 的同时也进入蓄压器,将蓄压器活塞压下,以此方式降低 A 腔压力,减小离合器或制动器片快速接合时引起的冲击。

如图 6.35 所示为自动变速器中所备有的 3 个蓄压器,分别与 3 个前进挡换挡执行元件的油路相通,对应各挡动作时起作用。

当变速器换挡时,主油路在进入离合器等换挡执行元件的同时也进入蓄压器的活塞下部。在压力油通入执行元件的初期,油压不是很高,其主要作用是消除离合器、制动器这些执行元件摩擦片间的间隙,使其开始接合。

此后,压力迅速增大,若无蓄压器,摩擦片将在瞬间接合并被加载,从而造成较大的换挡冲击。

有蓄压器以后,情况就不一样了。油压的升高使蓄压器活塞克服弹簧力上升,容积增大,油路中部分压力油进入蓄压器工作腔,延长了换挡执行元件液压缸的充油时间,油压的增长速度减缓,摩擦片逐渐接合,因而减小了换挡冲击。

(2)单向节流阀

单向节流阀布置在换挡阀至换挡执行元件之间的油路中,其作用是对流向换挡执行元件的液压油产生节流作用,在换挡执行元件接合时延缓油压增大的速率,以减小换挡冲击。

在换挡执行元件分离时,单向节流阀对换挡执行元件的泄油不产生节流作用,以加快泄油过程,使换挡执行元件迅速分离。

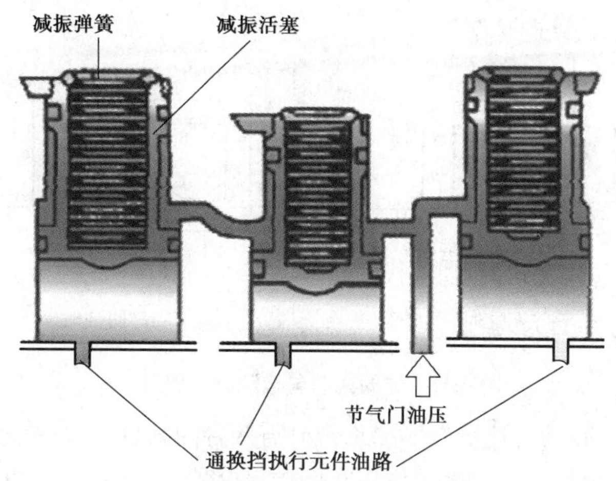

图 6.35　蓄压器

常用的节流阀有弹簧式和球阀式两种。如图 6.36 所示为一种弹簧式单向节流阀,其结构由阀体、阀芯和弹簧等组成,阀芯上有节流孔。

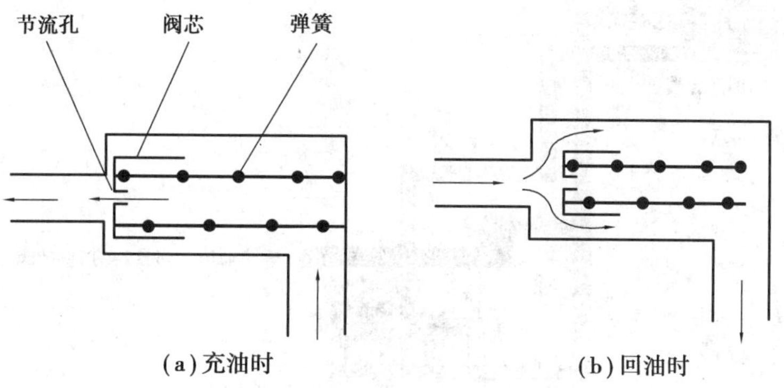

图 6.36　弹簧式单向节流阀原理图

弹簧式单向节流阀的工作原理:向换挡执行元件液压缸充油时,在弹簧作用下单向节流阀关闭,液压油只能从阀芯上的节流孔通过,从而产生节流效应,充油过程如图 6.36(a)所示。在回油时,液压油克服弹簧力将阀芯推开,节流孔不起作用,从而加速回油过程,如图 6.36(b)所示。

如图 6.37 所示为一种球阀式单向节流阀,其结构由阀体、球阀和节流孔组成。

球阀式单向节流阀的工作原理:当向换挡执行元件液压缸充油时,球阀关闭,液压油只能从球阀旁边的节流孔通过,从而产生节流效应,延缓了充油过程,如图 6.37(a)所示。回油时,球阀开启,从而加速回油过程,如图 6.37(b)所示。

(3)顺序阀

在一些自动变速器中装有倒挡离合器顺序阀。其作用是在自动变速器换倒挡时减少换挡冲击。

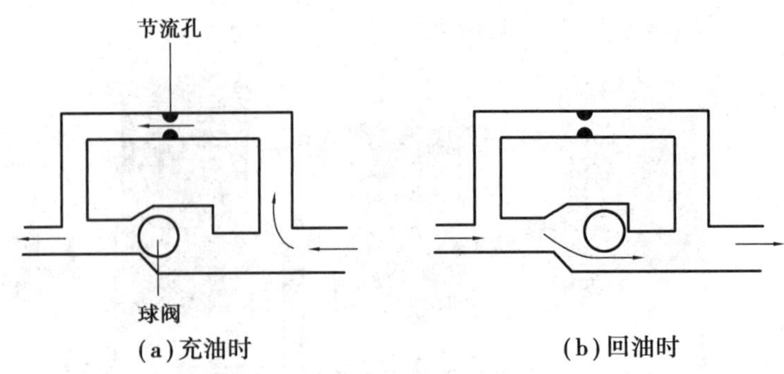

图 6.37 球阀式单向节流阀原理图

如图 6.38 所示为一自动变速器在倒挡工作时需接合的离合器缓冲油路,此时手动换挡阀处于 R 位,主油路压力油首先经顺序阀作用在倒挡离合器的内活塞上,消除间隙后,油压逐渐升高。由于此时仅有内活塞的作用力,所以离合器接合不牢,减少了换挡冲击。

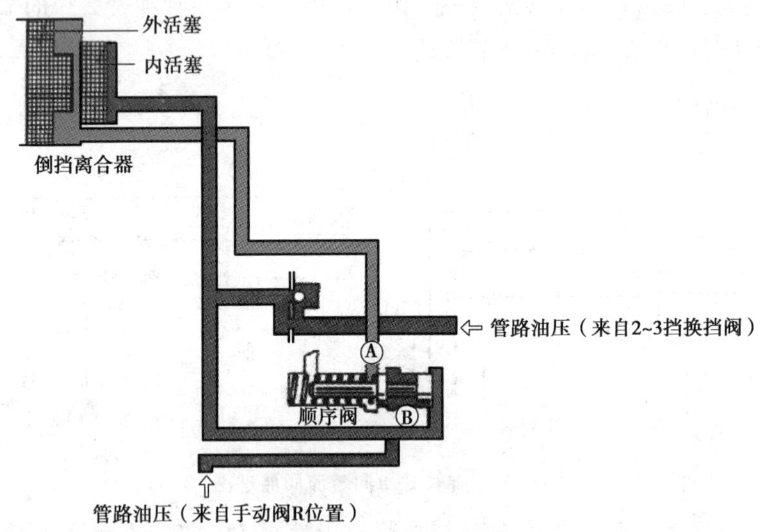

图 6.38 换挡离合器顺序阀结构及工作原理

当作用于顺序阀右侧的油压升高到能够克服弹簧作用力时,阀芯左移,离合器外活塞油路 A、B 接通。此时,内、外活塞的作用力共同作用在离合器片上,使离合器接合牢固而防止打滑。

(4)调整阀

在自动换挡阀动作时,如主油路油压被立即加至执行元件,将会产生较大的冲击。为进行缓冲,油路中设置了一些调整阀,如中间调整阀、滑行调整阀等,其工作原理大致相同。

如图 6.39 所示为一中间调整阀,来自手动换挡阀的主油路油压不是直接作用在自动换挡阀上,而是经过中间调整阀待油压升高到能够克服弹簧作用力后,使阀芯左移并将主油路与进入自动换挡阀的油路接通,从而起到换挡缓冲的作用。

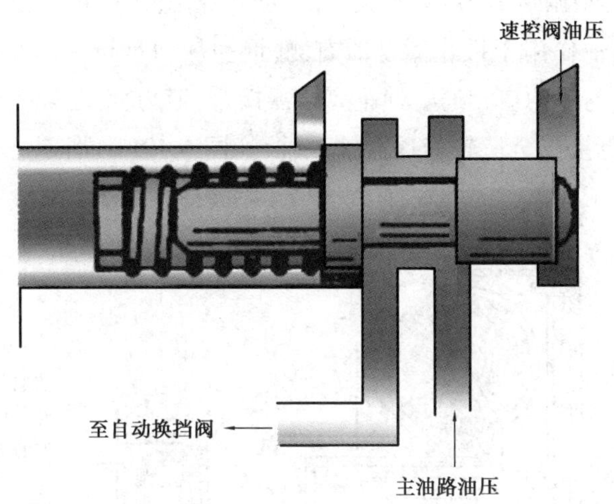

图 6.39　中间调整阀

6.3.5　液力变矩器控制装置

液力变矩器控制装置的作用:一是为变矩器提供具有一定压力的液压油,同时将变矩器内受热后的液压油送至散热器冷却,并让一部分冷却后的液压油送回齿轮变速器,对齿轮变速器中的轴承与齿轮进行润滑;二是控制变矩器中锁止离合器(如果有的话)的工作。

液力变矩器控制装置由压力调节阀、锁止信号阀、锁止继动阀及相应的油路组成。

(1)压力调节阀

液力变矩器压力调节阀的作用是将主油路压力油减压后送入变矩器,使变矩器内的液压油的压力保持在 196~490 kPa。

许多车型自动变速器将压力调节阀和主油路调压阀合并为一个阀。该阀直接调节由主油路输出的压力油,然后送往液力变矩器。

液力变矩器内的热油从导轮与泵轮之间或导轮与涡轮之间的通道引出,经冷却器冷却后用于行星齿轮变速机构的齿轮和轴承的润滑,然后流回油底壳。

(2)锁止信号阀及锁止继动阀

液力变矩器内锁止离合器的工作是由锁止信号阀和锁止继动阀共同控制的。锁止信号阀上方作用着速控阀油压,下方与超速挡换挡阀油路相通,如图 6.40 所示。

当车速较低时,速控阀油压也低,锁止信号阀在弹簧的作用下保持在上方位置,从而将通往锁止继动阀下端的控制油路切断,锁止继动阀在上方弹簧力和油压力的作用下保持在下方位置,从液力变矩器压力调节阀来的油液经变矩器输出轴中心孔进入液力变矩器的锁止离合器主、从动盘之间,锁止离合器处于分离状态。发动机动力由液力变矩器传递至齿轮变速机构,此时液力变矩器为液力传动工况,如图 6.40(a)所示。

当汽车以较高的车速行驶,且已升到超速挡时,速控阀油压的作用力增大,将锁止信号阀推至下方位置,来自超速挡油路的压力经锁止信号阀中部进入锁止继动阀下端,锁止继动阀阀芯升到上方位置,压力油作用于锁止离合器右侧,推动从动盘与主动盘接合。而锁止离合器主、从动盘之间的油液与泄油口相通。锁止离合器接合,液力变矩器成为机械传动工况,发动机动力经锁止离合器直接传至齿轮变速器输入轴,如图 6.40(b)所示。锁止离合器锁止时对应的车速,即称为锁止工作点。

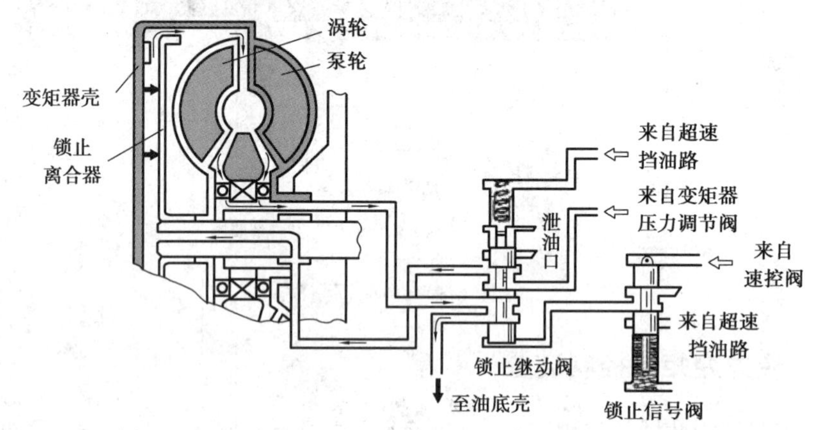

(a)液力传动工况

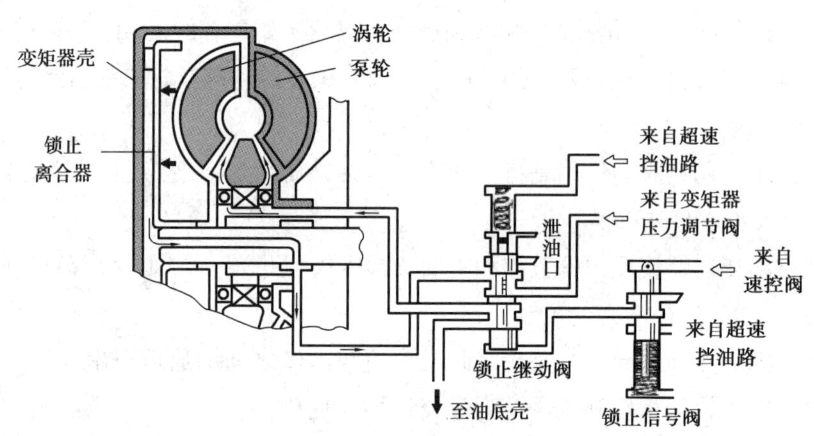

(b)机械传动工况

图 6.40 锁止信号阀和锁止继动阀工作原理

如车速下降,速控阀油压降低,锁止信号阀在其回位弹簧的作用下回到上位,锁止继动阀阀芯也回至下位,锁止离合器解锁,即又处于分离状态。

为防止锁止离合器因车速在锁止点附近变化而出现反复地接合,分离工作,必须使锁止点与解锁点的车速不同,即有一个滞后。为此,锁止信号阀阀芯中段上部直径较下部为小。

6.3.6　某四挡自动变速器液压控制油路分析

这里以30-72L型自动变速器液压控制为例,通过油路分析,了解液压控制原理,理解自动换挡过程。

30-72L型自动变速器由辛普森式齿轮传动机构加一个单排行星齿轮机构组成。辛普森式行星齿轮机构实现3个前进挡,由单排行星齿轮实现直接传动和超速传动比,由两个传动比共同组合为具有超速挡的四速自动变速器。其液压系统油路如图6.41所示。

(1)空挡时的油路分析

自动变速器主油压在发动机运转后建立,液压泵输出油液经主调节器调节,建立系统基础油压,系统的其他油压均在此油压下进行再调节。

汽车怠速时,调节后的主油压传递至手动选挡阀,由于选挡阀处于P或N位,主油压被拦截不能进入换挡油压,具体可参照图6.41选挡阀部分。

主油压也为节气门阀提供工作油压,节气门阀根据节气门开度调节节气门油压作用到1~2、2~3、3~4三个换挡阀的上端,使它们保持在阀座的下端位置,具体可查看图6.41节气门调压阀部分。

同时,主油压经3~4挡换挡阀进入离合器C_0,其作用是将前行星齿轮排的行星架和太阳轮连为一体,实现前行星排1∶1的传动,使输入转速不经变速直接传递到后面的行星轮组。由于变速器的1挡、2挡、3挡是通过辛普森式行星齿轮组完成的,因此离合器C_0在1挡、2挡、3挡均保持工作状态。只有在3~4挡换挡阀动作时,此状态才发生变化。

(2)空挡~1挡转换的油路分析

当驾驶员将手动选挡阀推到前进D挡位置时,由选挡阀控制的主油压进入换挡油路,进入后的油路分为两个方向:一个方向去调速阀,为调速阀根据汽车速度调制速度控制油压提供基础压力。调制出的速度油压沿控制油路作用到1~2、2~3、3~4换挡阀的下端,为控制自动换挡做准备。另一方向是沿换挡油路经节流孔进入蓄能器和离合器C_1。单孔节流作用使离合器C_1减压过程减缓,通过节流孔的油压能量在蓄能器先被弹簧吸收,随后压力缓慢升高,使作用在离合器液压缸的压力不致上升过快,可有效抑制离合器接合时产生冲击。

动作油压还从另一条支路到达1~2挡换挡阀。此时汽车的速度不高,产生的速度油压较低,不足以克服负荷油压和弹簧的作用力,故而保持在下端位置不动。动作油压至此被截断,处于换挡准备状态,具体可查看图6.41中1~2挡换挡阀部分。

由此,离合器C_1与单向离合器FC_2共同作用,实现1挡动力传动过程。

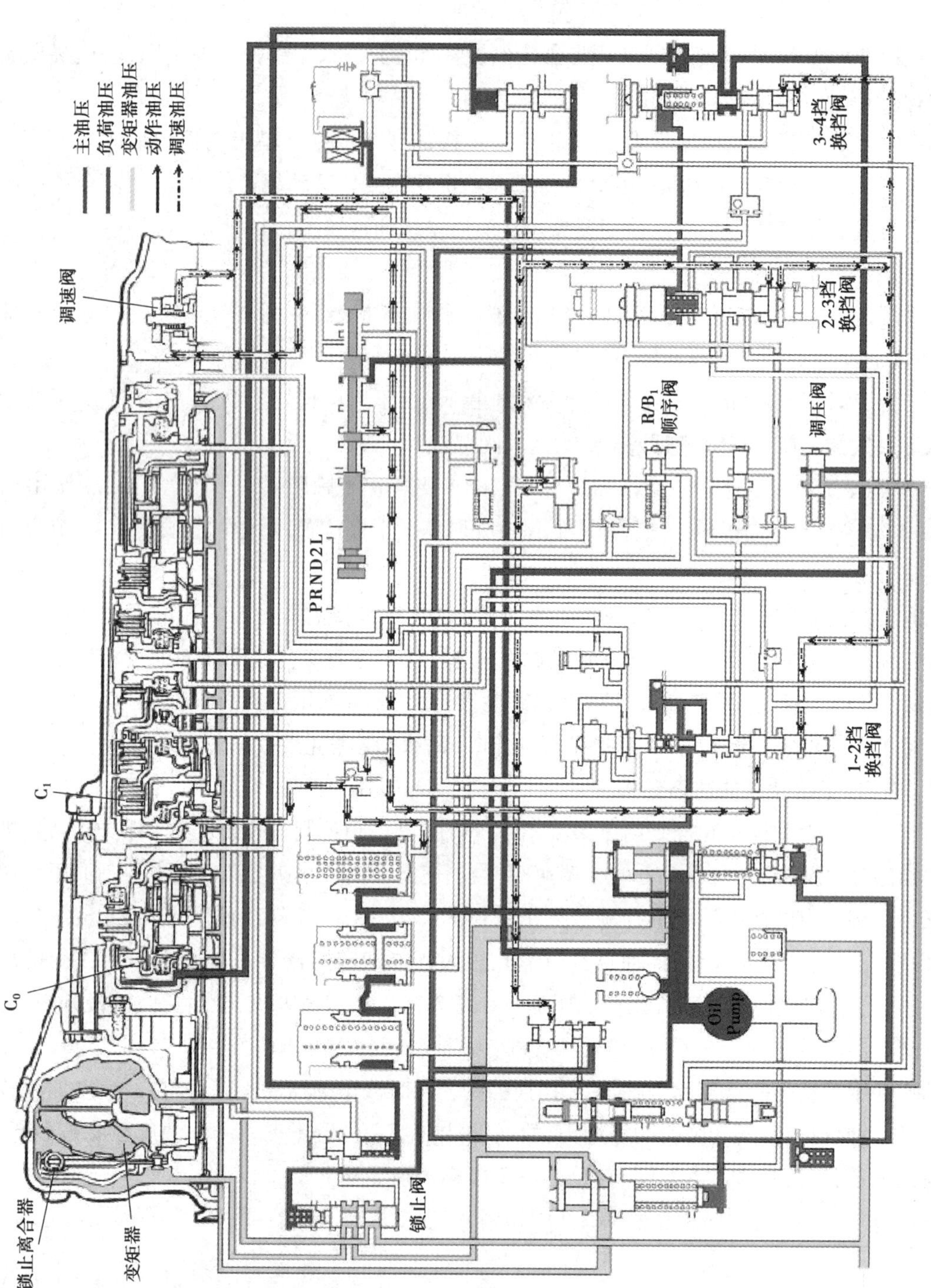

图6.41 30-72L型自动变速器液压换挡1挡油路图

(3)1~2 **挡换挡油路分析**

随着汽车起步加速,汽车速度升高,调速阀调节的速度油压随之升高。当作用在1~2挡换挡阀下端的作用力大于负荷油压与弹簧作用力的合力时,1~2挡换挡阀上移。将动作油路与制动器B_2油路接通,油路中的节流孔、蓄能器的作用与前述相同。形成离合器C_1驱动行星齿圈,离合器B_2与单向离合器将太阳轮制动,自动变速器完成1挡到2挡的转换过程,如图6.42所示。

通过1~2挡换挡阀后,一分支油路将动作油压传递至2~3挡换挡阀。由于速度油压没有达到固定值,负荷油压和弹簧力将2~3挡换挡阀仍推在下端。由1~2挡换挡阀传递来的动作油压通路被阻断,为换下一挡做准备。

(4)2~3 **挡换挡油路分析**

汽车速度继续上升,速度油压继续升高,当速度油压达到升挡压力,作用在2~3挡换挡下端,推动2~3挡换挡阀上移,将1~2挡换挡阀传递来的动作油压与离合器C_2油路接通,动作油压经节流孔、蓄能器至离合器C_2的内活塞。离合器C_1、C_2和离合器共同工作,使行星齿轮实现直接传动,具体如图6.43所示。

(5)**超速挡控制**

4挡自动变速器是在3挡传动比上增加了超速挡。所谓超速挡指其传动比小于1的高速挡。

大多数汽车的自动变速器的超速挡可由驾驶人员选择。目的是在良好路面行驶时,降低发动机最高转速,减少燃油消耗,提高经济性。超速挡的英文为OVER DRIVER,一般缩写为O/D。在选挡杆上标有一个O/D的按钮开关。

在选择前进D挡时,按钮被按下,仪表盘上的O/D灯显示ON,表示使用超速挡,此时变速器具有4个前进挡。当再次按下按钮,按钮弹起,仪表盘上的O/D灯显示OFF,表示超速挡被断开,这时的自动变速器只有3个前进挡。

在油路中增设了3~4挡控制电磁阀,由选挡杆上的按钮控制。当按钮开关闭合时,电路被接通,电磁力克服弹簧力将阀芯提起。由于卸油口开启,形成主油路泄压,左侧油路不能减压。当按钮开关打开,电路被切断,弹簧将泄油口关闭。此时主压力油向左侧,单向阀将左油路堵住,压力油流向中间油路。这条油路即是3~4挡超速挡选择控制油路。

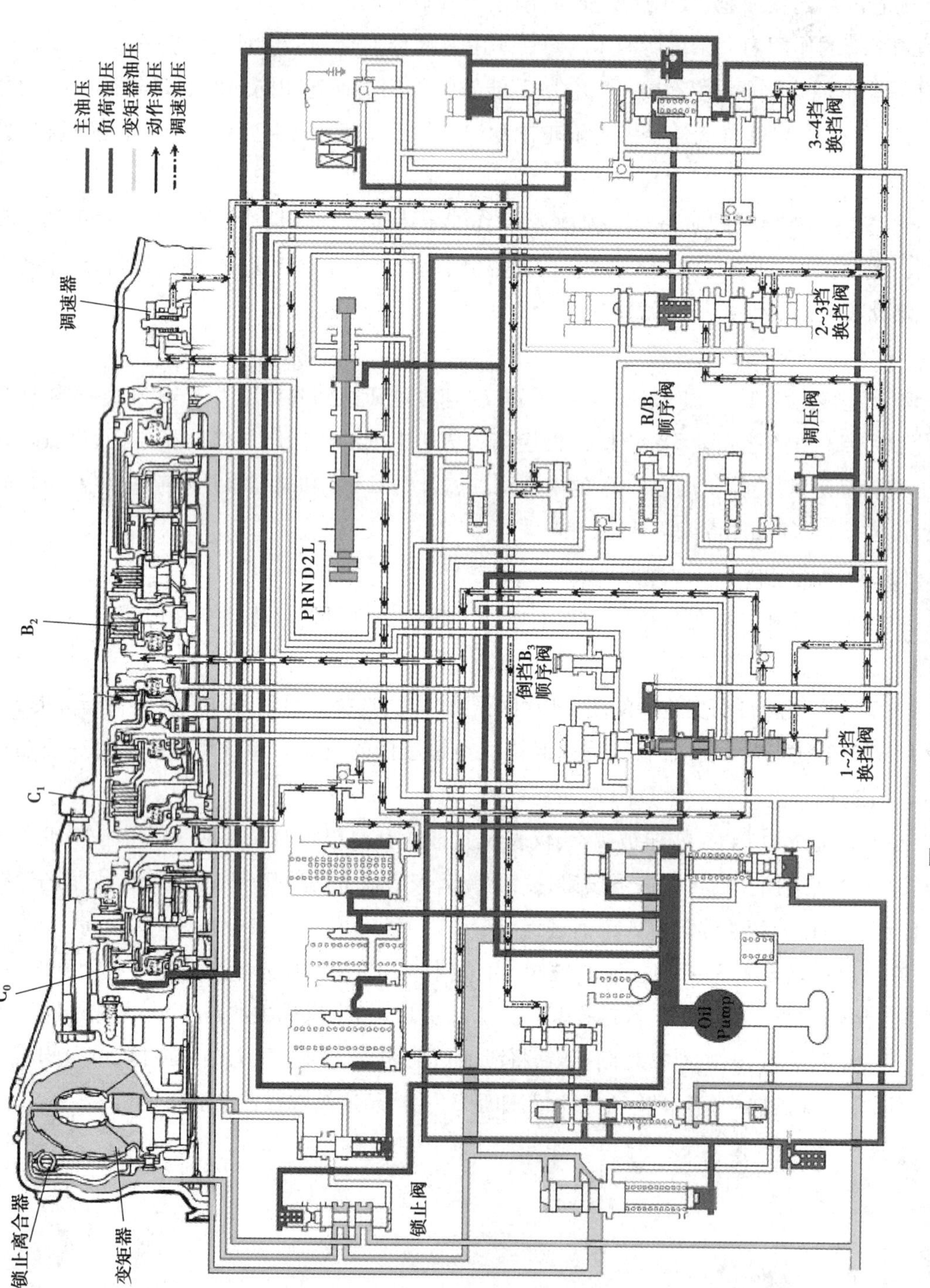

图6.42 30-72L型自动变速器液压换挡2挡油路图

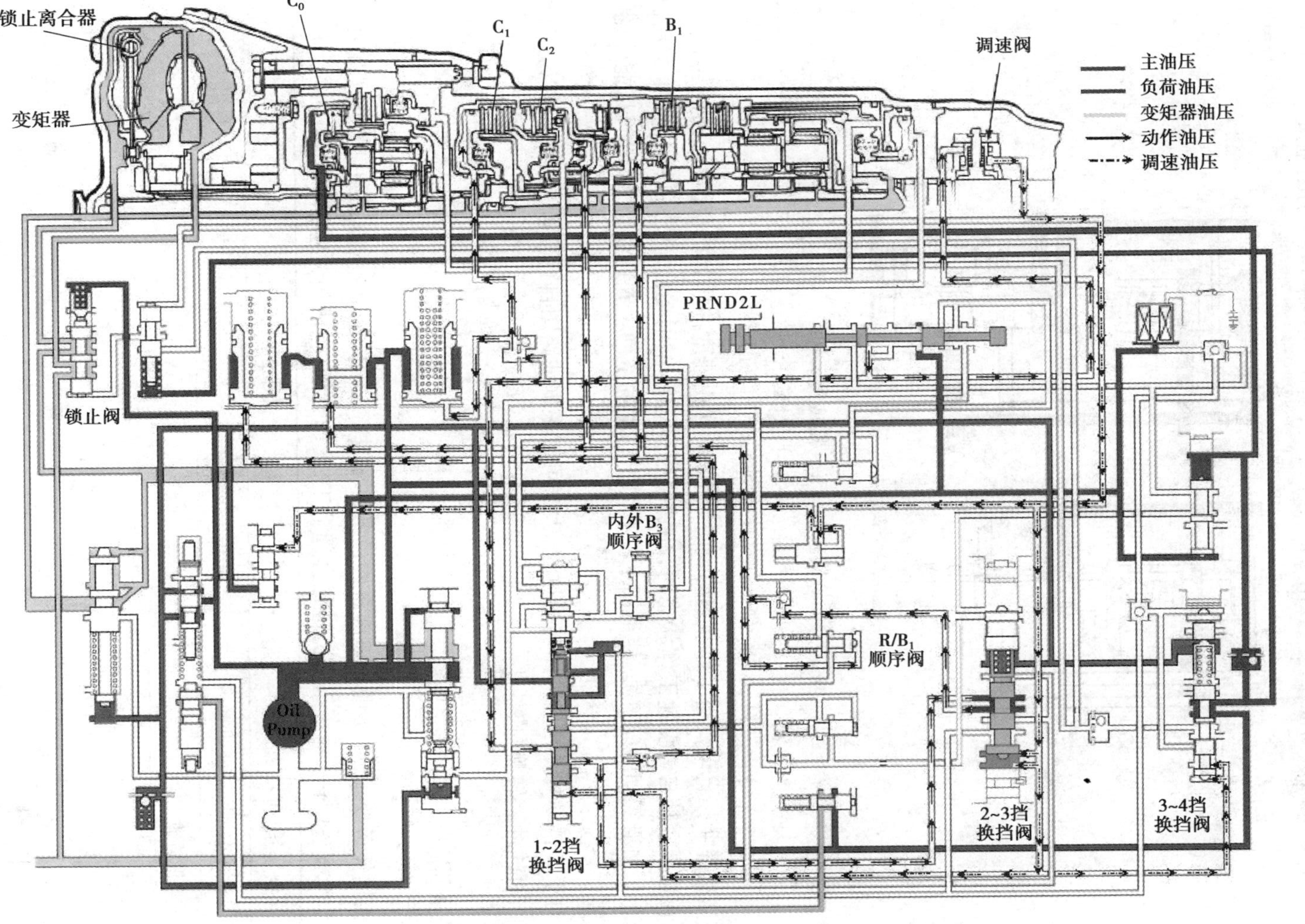

图6.43　30-72L型自动变速器液压换挡3挡油路图

3~4 挡换挡阀由 3~4 挡滑阀 1、滑套 2 和柱塞 3 三个部分组成,如图 6.44 所示。速度油压作用在滑阀下端,负荷油压作用在滑套和柱塞之间,超速挡控制油压作用在柱塞上端。

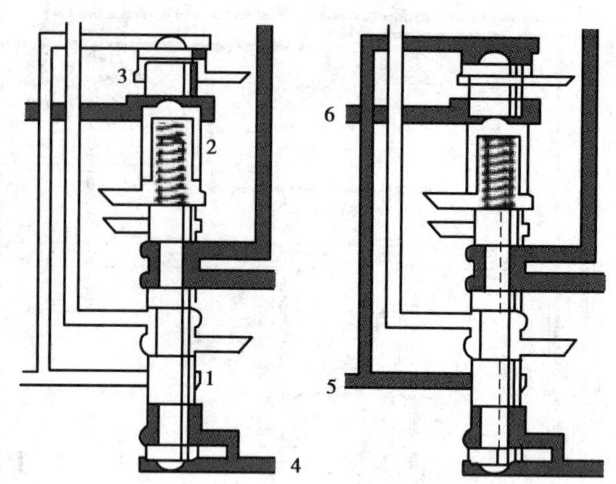

图 6.44 3~4 挡换挡阀

1—3~4 挡滑阀;2—滑套;3—柱塞;4—速度油压;
5—超速挡控制油压;6—负荷油压

当选择 4 挡自动变速工作状态时,换挡阀的动作由速度油压和负荷油压控制。

在选择 3 挡自动变速工作状态时,超速挡控制油压作用在柱塞上端,形成的推力将柱塞 3、滑套 2 和滑阀同时向下推,使滑阀 1 没有向上移动的空间。在此状态下,滑阀只能驻留在 3 挡位置。

对于 3 挡换入 4 挡的油路转换过程,大家可以根据油路图自行分析。另外,可以分析使用超速挡时的油路转换过程。

任务实训

根据任务要求,在实训场地准备好设备及工具等,以小组讨论的方式制订详细的工作计划或操作流程(工序),对小组成员进行合理分工,实施计划,完成相关任务并记录。

<table>
<tr><td>任　务</td><td colspan="5">控制机构</td></tr>
<tr><td>姓　名</td><td></td><td>班　级</td><td></td><td>学　号</td><td></td></tr>
<tr><td>实训场地</td><td></td><td>学　时</td><td></td><td>日　期</td><td></td></tr>
<tr><td>设备及工具</td><td colspan="5"></td></tr>
</table>

续表

<table>
<tr><td>小组成员及分工</td><td colspan="2"></td></tr>
<tr><td colspan="2">工作计划(操作流程或工序)</td><td>结　果</td></tr>
<tr><td colspan="2"></td><td></td></tr>
<tr><td colspan="3">根据结果写出体会或学习计划</td></tr>
<tr><td colspan="3"></td></tr>
</table>

任务练习

一、填空题

1.主调压阀由________、________、________、________等组成。

2.节气门阀的作用是产生与节气门开度成正比的控制________。

二、问答题

1.简述主油路调压装置的工作原理。

2.简要说明液控自动变速器是如何实现自动换挡的。

情境 7
电子控制自动变速器

电子控制自动变速器的控制系统的控制功能是由电子计算机或微处理器来完成的，换挡控制的信号采用电信号。它利用各种先进的电子手段对自动变速器以及发动机的工作状态进行检测，并根据检测结果和相应的控制程序来操纵液压控制系统中各个控制阀的工作，以驱动离合器和制动器等换挡执行元件，从而实现对自动变速器的全面控制。电子控制自动变速器不但可以简化液压系统，提高控制精度和反应速度，还可实现多种控制系统的综合控制。

任务 7.1 电子控制系统的组成

学习目标

完成本任务后，应达到以下知识目标和能力目标。

【知识目标】

- 了解电子控制自动变速器的电子控制系统的组成；
- 熟悉电子控制自动变速器的电子控制系统各个组成部分的作用。

【能力目标】

- 能认知自动变速器的电子控制系统的组成部件，并在实车上找到这些部件。

任务引入

电子控制自动变速器的传感器非常关键，决定着自动变速器在什么时候切换到哪个挡位，那么，你考虑过电子控制自动变速器需要哪些关键性的传感器吗？

任务实施

电子控制自动变速器的电子控制系统主要由以下3个部分组成，如图7.1所示。

①信号的来源：即各种传感器和开关等。

②电子控制单元：即ECU，它是电子控制系统的核心，包括输入和输出电路、中央处理器（CPU）以及存储器（RAM和ROM）。

③执行器：根据电子控制单元的指令驱动相应的液压系统工作，如电磁阀等。

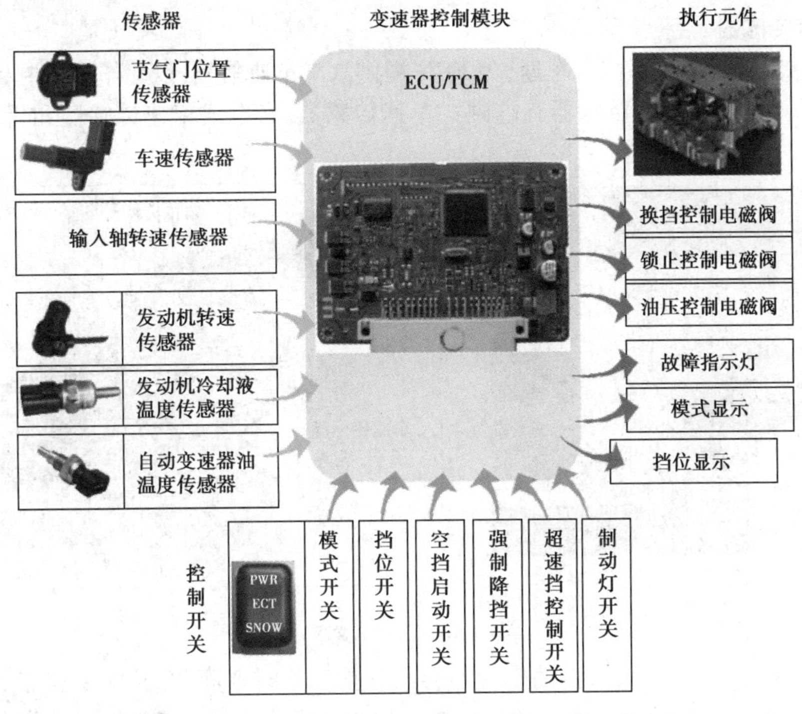

图7.1　电子控制自动变速器的电子控制系统组成

7.1.1　传感器及控制开关

(1) 节气门位置传感器

发动机的节气门是由驾驶员通过加速踏板来操纵的，根据不同的行驶条件来控制发动机的运转。如负荷大时，节气门开度要大；反之，负荷较小时，节气门开度要小。

不同的行驶条件要求汽车自动变速器具有不同的换挡规律。电子控制式自动变速器是利用节气门位置传感器，作为电子控制自动变速器换挡的依据，从而使自动变速器的换挡规律在任何使用条件下都能满足汽车的使用要求。节气门位置传感器安装在汽车发动机的节气门体上，与节气门作为一个整体一起转动，如图7.2所示。

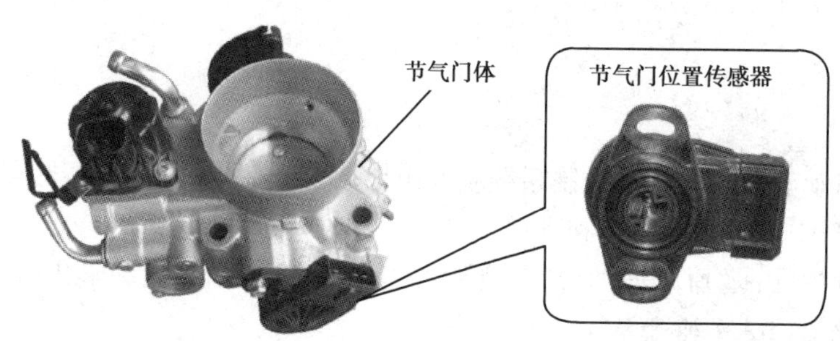

图 7.2　节气门位置传感器

(2) 车速传感器

车速传感器是为了检测汽车车速,为 ECU 提供汽车车速信号,以此作为控制换挡的依据,如图 7.3 所示。常用的车速传感器有电磁式车速传感器、光电式车速传感器和舌簧开关式车速传感器等。

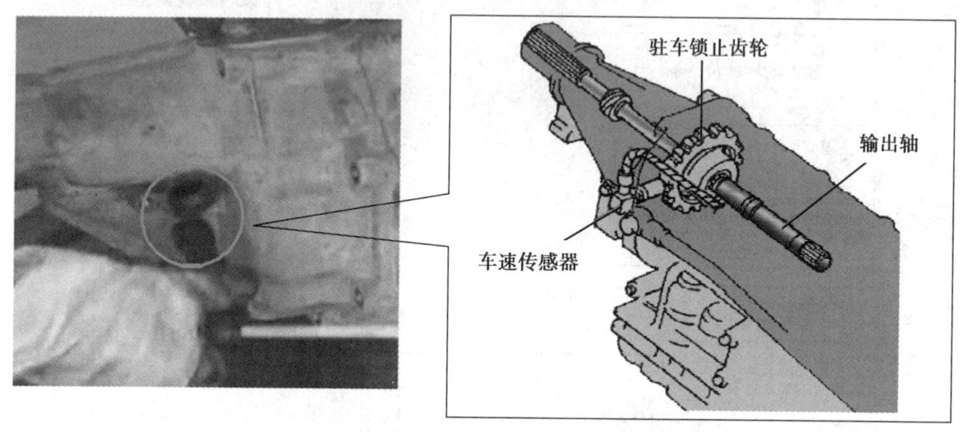

图 7.3　车速传感器

当车速传感器出现故障时,自动变速器会出现换挡正时方面的问题,变速器 ECU 会在存储器中存储故障信息,并通过报警灯的闪烁提示驾驶员当前处于不正常的行驶状态。

(3) 输入轴转速传感器

常用的输入轴转速传感器是电磁感应式传感器,与车速传感器的工作原理一致。输入轴转速传感器安装在行星齿轮变速机构的输入轴上,也就是液力变矩器的输出轴(涡轮轴)附近,如图 7.4所示。

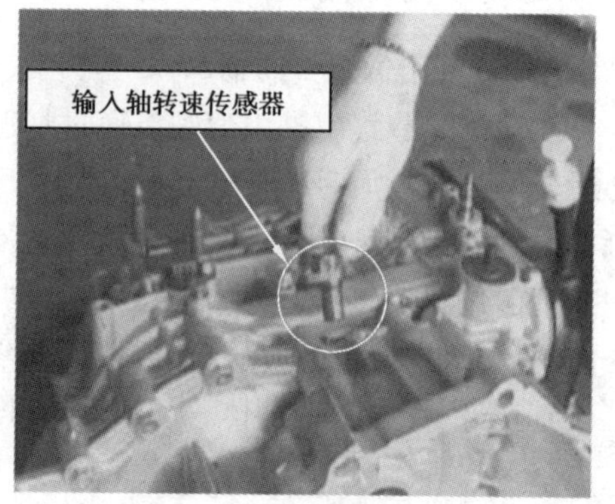

图 7.4　转速传感器

检测输入轴的转速,将其转变为电信号后输入 ECU,为精确换挡提供依据。同时,ECU 还将该信号和来自发动机控制系统的发动机转速信号进行比较,计算出液力变矩器的传动比,使油路压力控制过程和锁止离合器的控制过程得到进一步的优化,减小换挡冲击,提高汽车的行驶平稳性。

(4)油温传感器

自动变速器的液压油温度由于在液力变矩器中受液力变矩器的效率较低的影响,一般情况下较高,因此应对液压油温度进行监测。

液压油温度传感器安装在自动变速器油底壳内的阀体上,如图 7.5 所示,将液压油温度转变为电信号传递给 ECU,作为换挡控制、油压控制和锁止离合器控制的依据。

液压油温度传感器内部是一个半导体热敏电阻,它具有负的温度电阻系数,温度越高,电阻越低,电子计算机根据其阻值的变化测出自动变速器液压油的温度。

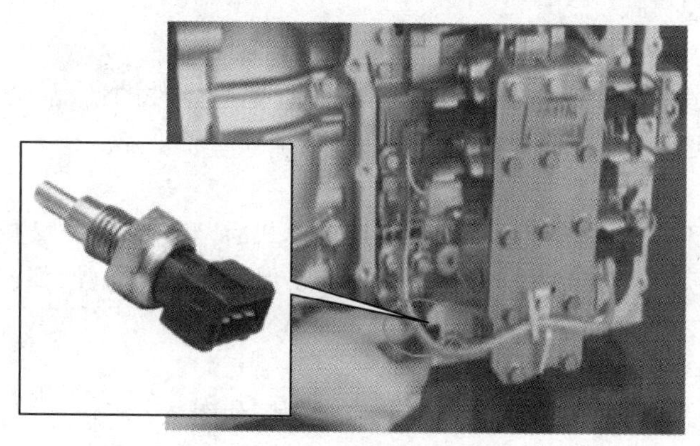

图 7.5　液压油温度传感器

(5)模式开关

模式开关是确定自动变速器的控制模式,以满足汽车在不同的状态行驶或驾驶人员不同的要求。一般模式开关安装在变速杆的旁边,也有的自动变速器不再需要驾驶员人工确定控制模式,而是自动根据行驶状态确定。

模式开关的主要控制模式有经济模式、动力模式、普通模式、手动模式和雪地模式,如图7.6所示。

图 7.6　自动变速器模式开关

1)经济模式

此模式是为了使汽车获得最佳经济性而设计的换挡规律。在此模式下,自动变速器将控制其换挡规律,以保证发动机总是处于经济转速范围内。一般在转速较低时就换入高一挡,以降低油耗。

2)动力模式

此模式和经济模式正好相反,它是为了获得最佳动力性而设计的换挡规律。在此模式下,发动机将处于大转矩和大功率的转速范围内运行,因此可以获得较好的动力性和爬坡性能。一般在较高的转速下才能换入高一挡。

3)普通模式

此模式是介于经济模式和动力模式之间的一种主要考虑汽车运行综合性能的模式,即保证动力性和经济性总体最优。

4)手动模式

此模式可以让驾驶员手动选择 1~4 挡。在符合运行条件的情况下,可锁定在某个挡位,驾驶感觉与手动变速器相似,可获得更好的换挡效率或驾驶乐趣。

5)雪地模式

此模式主要用于汽车在雪地上行驶。选用此模式后,变速杆置于 2 位时,自动变速器自动保持在 2 挡行驶;变速杆置于 1 位时,自动变速器将保持在 1 挡行驶,如初始位置为 2 挡,则车速下降后自动降至 2 挡,并不再升挡。

(6)超速挡开关(O/D 开关)

超速挡开关安装在变速杆上,由驾驶员进行控制,如图 7.7 所示。当自动变速器变速杆在 D 位时,如该开关打开,则汽车可以超速挡行驶,即最高可以达到 4 挡。如该开关关闭,则自动变速器均只能升至 3 挡行驶,无法达到最高的 4 挡。

一般超速开关在驾驶仪表盘上有指示灯 O/D OFF。当超速挡开关打开时,O/D OFF 灯灭;当超速挡开关关闭时,O/D OFF 灯亮。

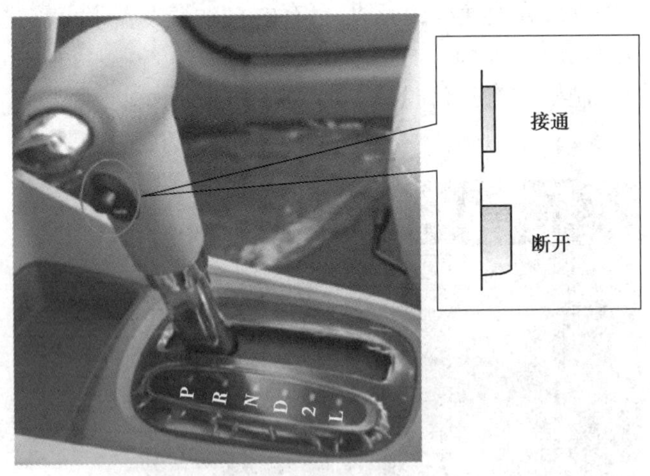

图 7.7　超速挡开关

(7)空挡启动开关及挡位指示开关

空挡启动开关的作用是保证发动机仅能在空挡或停车挡时才能启动。当空挡启动开关侦测到变速杆在 N 位或 P 位时,使点火开关工作,并将电力输送给启动机,实现启动。

同时可将变速杆的位置反映到汽车驾驶室的仪表板上,使驾驶员对现在的变速杆位置一目了然。

(8)制动开关

制动开关是一个在正常状态下保持闭合的开关,它安装在仪表板下面,如图7.8所示。该开关既可与制动灯光开关组合在一起,也可与巡航控制真空释放开关组合在一起。

当踩下制动踏板时,制动开关中的常闭触点张开,从而切断通向锁止离合器电磁阀的电流,这样一来,便可通过使液力变矩器中的锁止离合器分离而防止在汽车制动时发动机熄火或损坏。

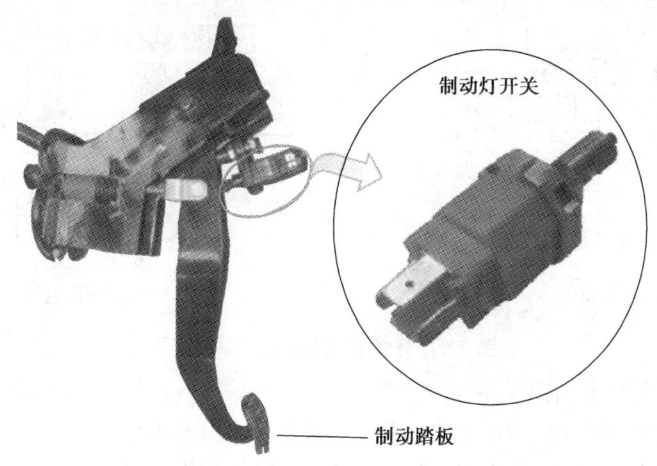

图7.8　制动开关

(9)变速器油温开关

在装有ABS/ASR控制模块的自动变速器控制系统中,自动变速器的油温高于设定值或要求时,自动变速器的油温开关将自动断开,使ABS/ASR系统暂时停止工作,同时在仪表盘中点亮TRACTION OFF指示灯。当油温冷却至正常时,变速器油温开关又自动接通。

7.1.2　电子控制单元

电子控制单元(ECU)是电子控制自动变速器的控制装置,变速器ECU由电源、输入电路、输出电路、信号转换器和计算机等组成。其中计算机(也称微处理机)主要由中央处理器CPU、存储器和输入/输出接口(I/O)等几部分组成。

CPU是电子控制器的核心部件,它能完成比全液压控制式自动变速器更复杂的自动控制,能进行逻辑运算、程序控制及数据处理。更重要的是它可用数字处理办法,将全部换挡程序和锁止变矩器程序持久地存储于变速器ECU存储器中。变速器ECU存储器可存储多种控制参数,实现动态多参数控制,从而获得最佳的动力性和燃料经济性。

7.1.3　执行器

电子控制自动变速器的执行器主要是指各种电磁阀,其功用是根据自动变速器ECU的指令接通、切断或部分接通、部分切断液压油回路,以实现自动变速器的换挡、液力变矩器的锁止、主油路油压的调节和发动机制动等。

常见的电磁阀有开关式电磁阀和脉冲式电磁阀两种。

(1)开关式电磁阀

开关式电磁阀的作用是开启或关闭液压油路,通常用于控制换挡阀及变矩器锁止控制阀的工作。开关式电磁阀由电磁线圈、衔铁、阀芯和回位弹簧等组成。其工作原理如图 7.9 所示。

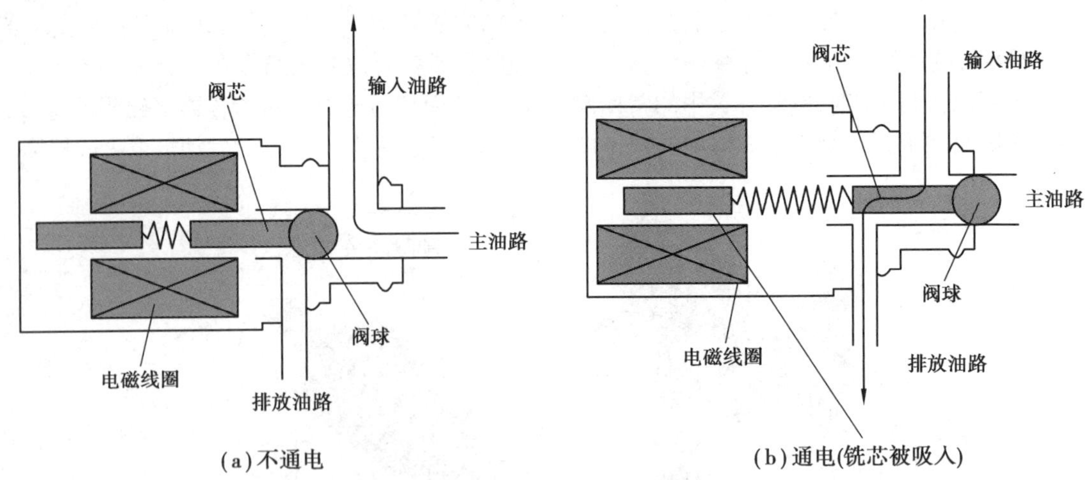

图 7.9　开关式电磁阀的工作原理

开关式电磁阀的工作原理：

当线圈不通电时，阀芯被油压推开，球阀在油压作用下关闭泄油孔，打开进油孔，使主油路压力油进入控制油路；当线圈通电时，电磁力使阀芯右移，推动球阀关闭主油路，打开泄油孔，输入油路与排放油路相通，输入油路的压力油由排放油路泄出。

(2) 脉冲式电磁阀

脉冲式电磁阀一般安装在主油路或蓄压器背压油路上，用来控制油路中的油压。其结构与开关电磁阀相似，也是由电磁线圈、衔铁、阀芯等组成的，如图 7.10 所示。

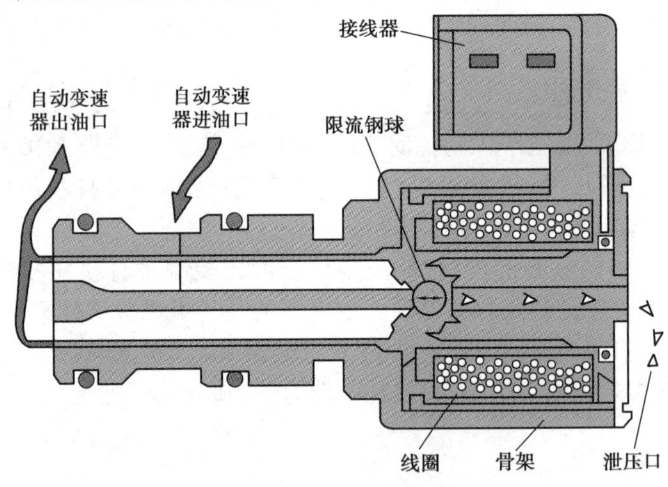

图 7.10　脉冲式电磁阀工作原理

当电磁线圈通电时，电磁力使阀芯开启，液压油经泄油孔排出，油路压力随之下降。

当电磁线圈断电时，阀芯在弹簧弹力的作用下将泄油孔关闭，使油路压力上升。电磁阀在脉冲电信号的作用下不断反复地开启和关闭泄油孔，计算机通过改变每个脉冲周期内电流接通和断开的时间比例(称为占空比)，来改变电磁阀开启和关闭的时间比例，从而达到控制油路的压力的目的。占空比越大，经电磁阀泄出的液压油越多，油路压力就越低；反之，占空比越小,油路压力就越大。

脉冲式电磁阀和开关式电磁阀的不同之处在于:控制脉冲式电磁阀工作的电信号不是恒定不变的电压信号,而是一个变化的脉冲电信号。

任务实训

根据任务要求,在实训场地准备好设备及工具等,以小组讨论的方式制订详细的工作计划或操作流程(工序),对小组成员进行合理分工,实施计划,完成相关任务并记录。

<table>
<tr><td>任　务</td><td colspan="5">电子控制系统的组成</td></tr>
<tr><td>姓　名</td><td></td><td>班　级</td><td></td><td>学　号</td><td></td></tr>
<tr><td>实训场地</td><td></td><td>学　时</td><td></td><td>日　期</td><td></td></tr>
<tr><td>设备及工具</td><td colspan="5"></td></tr>
<tr><td>小组成员及分工</td><td colspan="5"></td></tr>
<tr><td colspan="5">工作计划(操作流程或工序)</td><td>结　果</td></tr>
<tr><td colspan="5"></td><td></td></tr>
<tr><td colspan="6">根据结果写出体会或学习计划</td></tr>
<tr><td colspan="6"></td></tr>
</table>

任务练习

一、填空题

1.电子控制自动变速器电子控制系统的组成包括__________、__________和__________。

2.常见车速传感器的类型有__________、__________和__________。

二、问答题

1.电子控制自动变速器的开关控制模式有哪些？分别在什么情况下使用？

2.电子控制自动变速器超速挡开关的作用是什么？

任务 7.2 ECU 及其控制电路的工作原理

学习目标

完成本任务后，应达到以下知识目标和能力目标。

【知识目标】

- 了解电磁阀的基本结构和工作原理；
- 熟悉电子控制自动变速器 ECU 的工作原理。

【能力目标】

- 能对自动变速器换挡执行机构中的离合器进行拆装和检修。

任务引入

一辆配备自动变速器的汽车，在 2 挡时踩加速踏板没有异常响声，放松加速踏板时能听到“嗡嗡”的异常响声，再次踩下加速踏板时异常响声立即终止。汽车加速正常，也不缺挡，应如何检修？

任务实施

ECU 是电子控制系统的核心。电子控制自动变速器的 ECU 现在大多采用两种方式：一种是单独采用一个 ECU 专门针对自动变速器，然后通过局域网与其他 ECU 进行信息交换；另一种是自动变速器和发动机共用一个 ECU。

ECU 主要实现以下控制功能：

(1)换挡控制

换挡控制即当汽车达到某一车速时,让自动变速器升挡或降挡,也就是控制自动变速器换挡的时刻。它是自动变速器ECU最重要和最基本的控制内容。自动变速器的换挡时刻包括升挡车速和降挡车速,它对汽车的动力性和燃料的经济性有很大的影响。汽车在任意行驶条件下都有一个最佳换挡时刻,ECU应使自动变速器在任意行驶条件下都按最佳换挡时刻进行换挡,从而使汽车的动力性和燃料的经济性等各项指标达到最优。汽车的最佳换挡时刻即最佳换挡规律,一般以自动换挡图的形式存储在ROM中。在不同模式开关的作用下,汽车具有不同的换挡规律。经济模式下汽车升挡的车速较低,而动力模式下汽车升挡的车速较高。

根据选挡杆或模式开关的不同,汽车的使用要求也有所不同,因此其换挡规律也应作相应的调整。ECU将汽车在不同车速时的换挡规律以自动换挡图的形式储存在ROM中。在汽车行驶中,ECU根据空挡启动开关和模式开关的信号从存储器内选择相应的自动换挡图,再将车速传感器和节气门位置传感器测得的车速、节气门开度与自动换挡图进行比较,根据比较结果,在达到设定的换挡车速时,电子计算机便向换挡电磁阀发出电信号,以实现挡位的自动变换。

(2)油压控制

电子控制自动变速器的主油路压力仍然用主油路调压阀调节。主油路油压一般随发动机负荷的增大而增大。在现代电子控制液动系统中,ECU根据节气门位置传感器的信息来确定节气门的开度,由此向脉冲式的油压电磁阀发送相应的脉冲信号,通过不同的占空比来改变电磁阀的排油孔开度,使主油路油压随节气门开度变化,同时由于倒挡使用较少,因此倒挡元件尺寸较小,要传递相同大小的转矩就需要更高的油压。

(3)锁止离合器控制

液力变矩器中的锁止离合器在电子控制液动系统中是由ECU控制的,ECU按照设定的控制程序,通过锁止电磁阀来控制锁止离合器的接合或分离。锁止离合器在各种工作条件下的最佳锁止程序存储于ROM中。最佳锁止程序应既能满足自动变速器的工作要求,保证汽车的正常行驶,又能最大限度地节约燃油。ECU根据不同的工作条件从存储器中选择相应的锁止控制程序,再将车速和节气门开度等与锁止控制程序进行比较,当车速足够高,且其他各种条件均满足锁止要求时,电子计算机向锁止电磁阀输出电信号,使锁止离合器接合,实现液力变矩器的锁止。为保证汽车的行驶性能,在液压油温度低于60 ℃,车速过低,且怠速开关接通时,禁止锁止离合器接合。早期的锁止电磁阀采用开关式电磁阀,由于冲击较大,现均采用脉冲式电磁阀。

(4)自动模式选择

液压控制自动变速器和早期的电子控制自动变速器均由驾驶员通过手动的模式开关来改变自动变速器的控制模式。由于大规模集成电路在电子控制自动变速器中的采用,使得ECU具有很强的运算和控制功能,并具有一定的智能控制能力,因此可以取消手动的模式开关,由

ECU 进行自动模式选择控制。ECU 可以通过各个传感器测得汽车行驶状况和驾驶员的操作方式,经过运算分析,自动选择采用经济模式、普通模式或动力模式进行换挡控制,以满足不同的驾驶操作要求。

ECU 在进行自动模式选择控制时,主要参考选挡杆的位置及加速踏板被踩下的速率,以判断驾驶员的操作目的。

①当变速杆位于前进低挡时,ECU 只选择动力模式。

②在前进挡位时,根据不同的加速踏板被踩下的速率进行选择。当加速踏板被踩下的速率较低时,ECU 选择经济模式;当加速踏板被踩下的速率超过控制程序中设定的速率时,ECU 将从经济模式转变为动力模式。

③在前进挡位时,ECU 选择动力模式之后,一旦节气门开度低于 1/8 时,ECU 即由动力模式转变为经济模式。

(5)输入轴转速传感器的控制

设有输入轴转速传感器的电子控制自动变速器,ECU 可以检测出自动变速器输入轴的转速,并由此计算出液力变矩器的传动比(即泵轮和涡轮的转速之比)以及发动机曲轴和自动变速器输入轴的转速差,从而使电子计算机更精确地控制自动变速器的工作。特别是电子计算机在进行换挡油路压力控制、减转矩控制、锁止离合器控制时,利用这一参数进行计算,可使这些控制的持续时间更加准确,从而获得最佳的换挡稳定性和乘坐舒适性。

(6)发动机转矩控制

为减小换挡冲击,ECU 根据各传感器和开关等的信号,在自动变速器将要换挡时,向发动机发出指令,暂时延迟点火,以控制发动机输出力矩。最佳的点火延迟量由 ECU 根据发动机转速、车速、节气门开度及换挡方式等决定。

(7)故障自诊断

ECU 将随时监控电子控制系统的工作,当其出现故障时,将故障代码存储在 RAM 中。在维修时,通过故障指示灯的闪烁,输出故障代码或通过解码器读取故障代码,方便维修人员确定故障内容。

(8)失效保护功能

ECU 具有失效保护功能,当电子控制系统发生故障而失效时,ECU 可以保证汽车以最基本的状态行驶一定距离。

任务实训

根据任务要求,在实训场地准备好设备及工具等,以小组讨论的方式制订详细的工作计划或操作流程(工序),对小组成员进行合理分工,实施计划,完成相关任务并记录。

<table>
<tr><td>任　务</td><td colspan="5">ECU 及其控制电路的工作原理</td></tr>
<tr><td>姓　名</td><td></td><td>班　级</td><td></td><td>学　号</td><td></td></tr>
<tr><td>实训场地</td><td></td><td>学　时</td><td></td><td>日　期</td><td></td></tr>
<tr><td>设备及工具</td><td colspan="5"></td></tr>
<tr><td>小组成员及分工</td><td colspan="5"></td></tr>
<tr><td colspan="5">工作计划(操作流程或工序)</td><td>结　果</td></tr>
<tr><td colspan="5"></td><td></td></tr>
<tr><td colspan="6">根据结果写出体会或学习计划</td></tr>
<tr><td colspan="6"></td></tr>
</table>

任务练习

一、填空题

1.电子控制自动变速器ECU最基本和最重要的控制功能是____________________。

2.电子控制自动变速器ECU的故障自诊断功能是将监测到的故障代码存储在____________________。

二、问答题

1.电子控制自动变速器的实效保护功能在什么情况下会起作用?如何起作用?

2.电子控制自动变速器ECU是如何实现油压控制的?

任务7.3 电子控制系统元件的检修

学习目标

完成本任务后,应达到以下知识目标和能力目标。

【知识目标】

- 了解电子控制自动变速器的电子控制系统主要的检修元件;
- 熟悉常见的电子控制自动变速器的电子控制系统元件故障。

【能力目标】

- 能对自动变速器的电子控制系统元件进行检修。

任务引入

某客户到4S店去维修汽车,称其自动挡的汽车出现不能自动换挡的情况。经过维修师的检查,认为极有可能是车速传感器出现了问题,需要对车速传感器进行检测维修。

任务实施

7.3.1 传感器及控制开关的检测

(1)节气门位置传感器的检测

节气门位置传感器的检测方法如下:

①拔去节气门位置传感器的线束插头,用万用表在节气门位置传感器接线插座上测量各端子之间的电阻值。

②测量 V_c 与 E_2 之间的电阻。此电阻过大或过小均需更换节气门位置传感器。

③测量 IDL 与 E_2 之间的电阻,如图 7.11 所示。此电阻在节气门关闭时电阻值应为 0,当节气门开启时电阻值应为无穷大,否则应更换气门位置传感器。

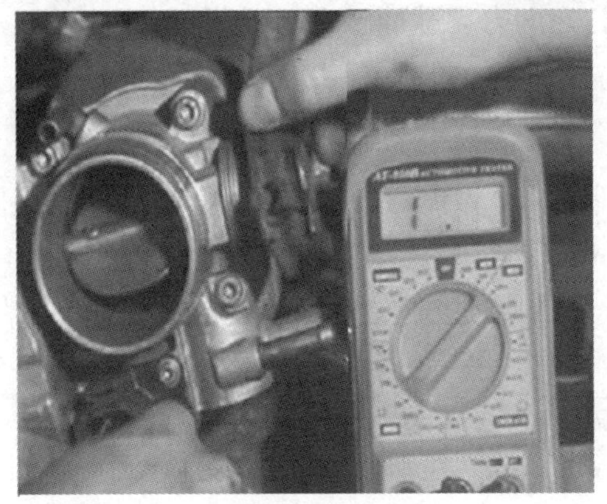

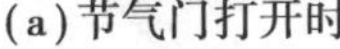
(a)节气门打开时

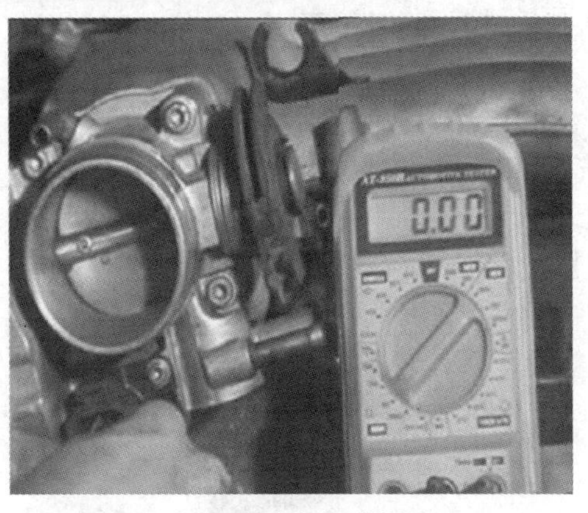

(b)节气门关闭时

图 7.11 测量 IDL 与 E_2 之间的电阻

④测量 VTA 与 E_2 之间的电阻(图 7.12)。在节气门全开或全闭时,测得的电阻值与标准值(参见具体车型的维修手册)不符,或在节气门逐渐开启时此电阻值不是连续变化,均需更换气门位置传感器。

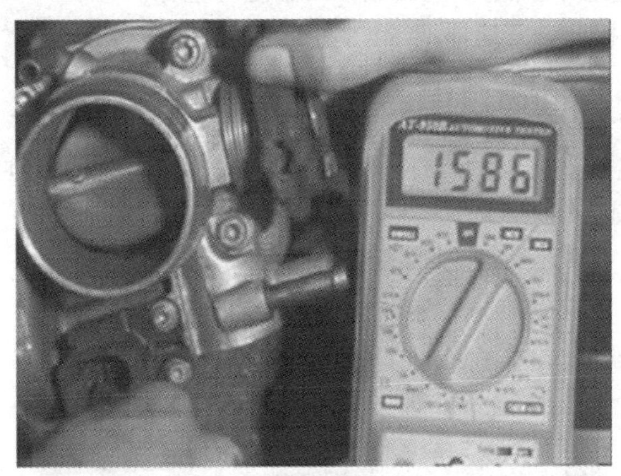

图 7.12 测量 VTA 与 E_2 之间的电阻

(2)车速传感器与输入轴转速传感器的检测

车速传感器与输入轴转速传感器的感应线圈电阻的测量。其测量方法如下:

①拔下车速传感器或输入轴转速传感器线束插头。

②用万用表测量车速传感器或输入轴转速传感器两接线端之间的电阻。不同车型自动变速器的这种传感器感应线圈的电阻不完全相同,通常为几百欧到几千欧。如果感应线圈短路、断路或电阻值不符合标准,应更换传感器。

车速传感器与输入轴转速传感器的输出脉冲的测量。其检测方法如下:

①测量车速传感器输出脉冲时,可用千斤顶将汽车一侧的驱动轮顶起,让操纵手柄位于空挡位置,用手转动悬空的驱动轮,同时用万用表测量车速传感器两接线柱之间有无脉冲感应电压。测量时,应将万用表选择开关转至交流电压挡位置。若在转动车轮时万用表指针有摆动,

说明传感器有输出脉冲，其工作正常；否则，应更换传感器。

②测量输入轴转速传感器输出脉冲时，应将传感器拆下，用一根铁棒或一块磁铁迅速靠近或离开传感器，同时用万用表测量传感器两接线柱之间有无脉冲感应电压（图 7.13）。

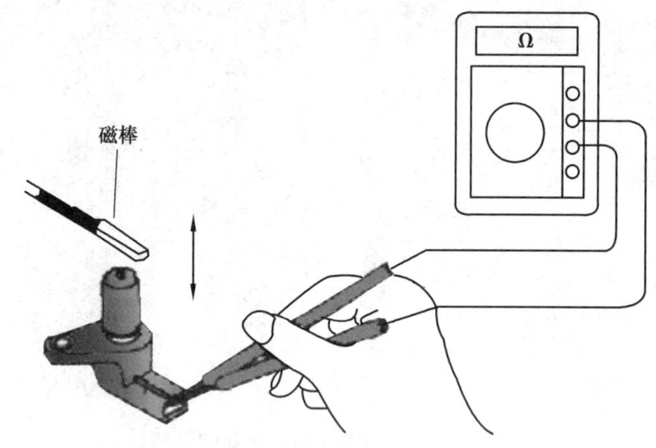

图 7.13 输入轴转速传感器输出脉冲的测量

如没有感应电压或感应电压很微弱，则说明传感器有故障，应更换。

(3)冷却液温度传感器和自动变速器液压油温度传感器的检测

冷却液温度传感器和自动变速器液压油温度传感器的内部都是一个半导体热敏电阻，其检修方法相同。

步骤 1：拆下冷却液温度传感器或自动变速器液压油温度传感器。

步骤 2：将传感器置于盛有水的烧杯中，加热杯中的水，同时测量在不同温度下传感器两接线端之间的电阻，如图 7.14 所示。

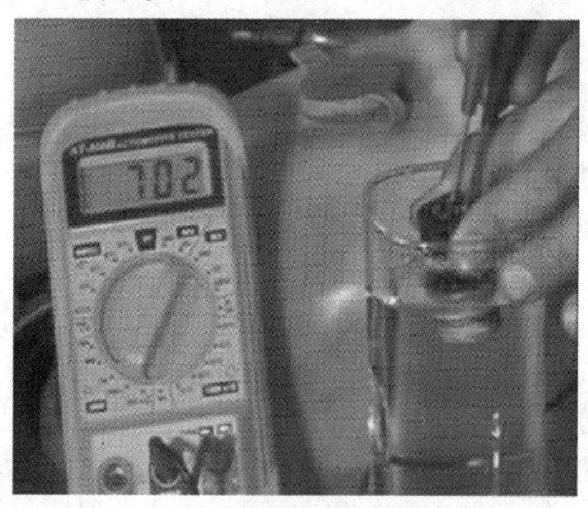

图 7.14 冷却液温度传感器的检测

步骤 3：将测量的电阻值与标准值相比较。如不符合标准，则更换传感器。

(4)驻车/空挡开关的检测

驻车/空挡（P/N）启动开关安装位置不当或内部触点接触不良时，其开关信号将可能不正确。这时需拔开开关线束插接器，如图 7.15 所示，分别检测各挡位下各端子之间的通断情况，并与维修手册的要求做比较。如果与正常情况不符，应调整或更换开关。

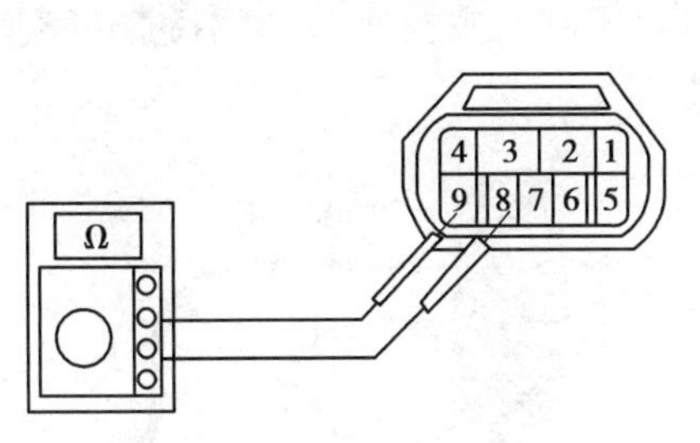

换挡位置	端子								
	3	2	9	1	4	6	5	7	8
P	○	○	○	○					
R			○	—	○				
N	○	○	○	—	—	○			
D			○	—	—	—	○		
2			○	—	—	—	—	○	
L			○	—	—	—	—	—	○

注：○—○表示通路。

图 7.15　汽车自动变速器的挡位开关检查

7.3.2　自动变速器 ECU 的检测

汽车自动变速器 ECU 的检测与发动机 ECU 的检测类似，即通过对 ECU 各端子电压及电阻的测量（这些数据要与具体车型维修手册中要求的参考值做比较）以及与之有关的传感器等部件的检测，在排除了被检测线路和部件的故障可能性后，如果故障现象仍然存在，一般需更换 ECU。

7.3.3　执行器的检测

(1) 开关式电磁阀的检测

步骤 1：用举升器将汽车升起，拆下自动变速器的油底壳，拔下电磁阀的线束插头。

步骤 2：检查电磁阀线圈是否断路或短路。用万用表测量电磁阀线圈的电阻，如图 7.16(a) 所示。自动变速器的开关式电磁阀线圈的电阻一般为 10~30 Ω（具体数据参考具体的维修手册）。若测得的阻值为无穷大，说明线圈断路；若测得的阻值过小，说明线圈短路。无论是断路还是短路，都应更换电磁阀。

步骤 3：检查电磁阀的功能。将 12 V 电源施加在电磁阀线圈上，如图 7.16(b) 所示，正极接电磁阀接线端子，负极接电磁阀壳体，此时应能听到电磁阀工作的“咔嗒”声；否则，说明阀芯卡住，应更换电磁阀。

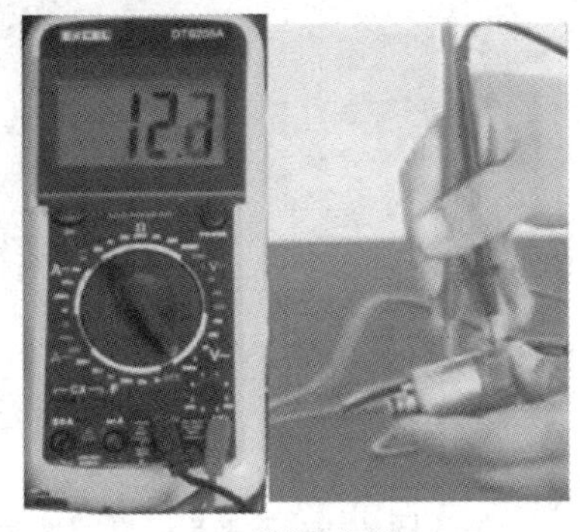

(a) 测量电阻

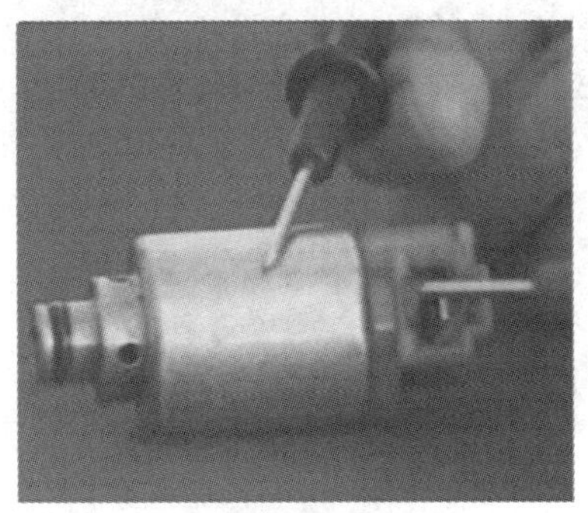

(b) 检测是否工作

图 7.16　开关式电磁阀的检测

步骤4:检查电磁阀的密封性能。检查方法如图7.17所示,对电磁阀施加压力约为500 kPa(5 kg/cm^2)的压缩空气,电磁阀阀门应不漏气。如果漏气,应更换电磁阀,将蓄电池电压加到电磁阀接线端子与壳体上时可听到"咔嗒"声,且电磁阀阀门应畅通,如果不通,应更换电磁阀。

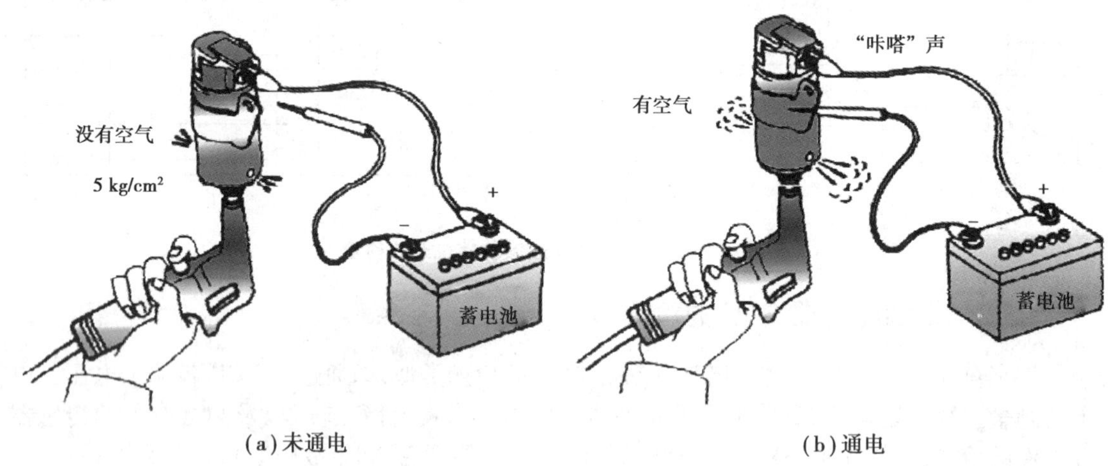

图7.17 开关式电磁阀密封性检查

(2)脉冲式电磁阀的检测

①用举升器将汽车升起,拆下自动变速器的油底壳,拔下电磁阀的线束插头。

②检查电磁阀线圈是否断路或短路。用万用表测量电磁阀线圈电阻值,如图7.18所示。电磁阀的线圈电阻值应与具体的维修手册要求相同。若测得的阻值为无穷大,说明线圈断路,应更换电磁阀;若测得的阻值过小,说明线圈短路,也应更换电磁阀。

(3)检查电磁阀的性能

如图7.19所示。拆下脉冲电磁阀,将蓄电池电源串联一个8~10 W的灯泡,然后与电磁阀线圈连接,在通电时,电磁阀阀芯应当移动并发出"咔嗒"声;断电时,电磁阀阀芯应迅速复位。

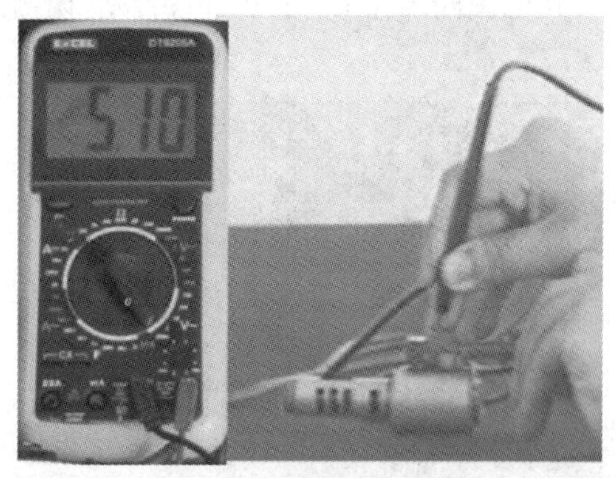

图7.18 脉冲电磁阀的检测

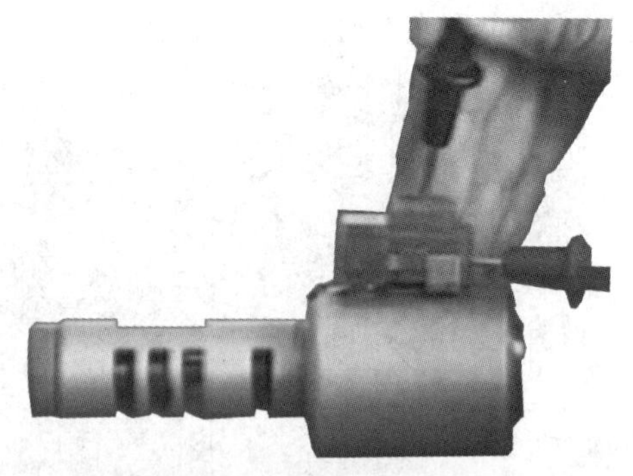

图7.19 脉冲电磁阀的性能检测

如阀芯不动或不能复位，说明电磁阀损坏，应更换。

7.3.4　自动变速器故障自诊断

自诊断系统依靠汽车上的计算机通过实时记录各种传感器、执行器的工作信号，经过运算来确定故障的内容和范围，并将之存储在计算机的存储器中并以故障码的形式显示，根据故障码并对照故障码表，即可确定故障部位，当故障排除后，需清除自动变速器 ECU 中存储的故障码。

读出故障代码的方法有两种：一种是利用检测仪，另一种是用人工的方法。

(1)用电脑检测仪读取故障码

为了方便汽车维修人员对汽车各部分的电子控制系统进行维修，许多汽车制造厂家在这些汽车的控制电路上设计了一个专用的电脑故障检测插座。它通常位于发动机附近或驾驶室仪表板下方(图7.20)。通过线路与汽车各部分的电脑连接。只要把汽车制造厂提供的该车型的电脑检测仪与汽车上的电脑故障检测插座连接，然后打开点火开关，就可以很方便地对汽车的发动机、自动变速器及其他部分的电脑和控制系统进行检测。

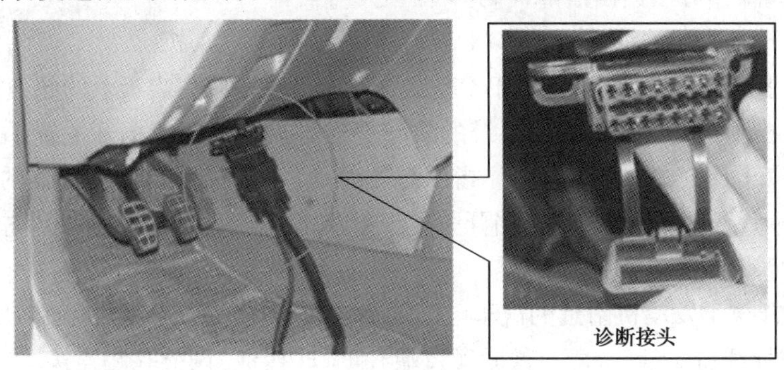

图7.20　诊断接头位置图

通过专用或通用的汽车电脑检测仪和汽车电脑解码器，可以对电子控制自动变速器的控制系统进行以下几种检测：

1)读取故障代码

汽车电脑检测仪和汽车电脑解码器都可以很方便地读出储存在汽车自动变速器电脑内的故障代码，并显示出故障代码的含义，为检修自动变速器的控制系统提供可靠的依据。

2)进行数据传送

许多车型的电脑在运行中会将各种输入、输出信号的瞬时数值(如各传感器的信号、电脑的计算结果、控制模式、电脑向各执行器发出的控制信号等)，以串行输送的方式，经故障检测插座内的某个插孔向外传送。电脑检测仪可将这些数值以数据表的方式在检测仪的屏幕上显示出来，使整个控制系统的工作一目了然。

检修人员可以根据自动变速器工作过程中控制系统各种数据的变化情况来判断控制系统的工作是否正常，或将电脑的指令与自动变速器的实际反应进行比较，以准确地分辨故障出在控制系统还是自动变速器的其他部位。

3)清除故障代码

故障一旦被检测出就以故障代码的形式记录在电脑内,直至汽车蓄电池电缆被拆除为止。电脑检测仪可以通过向汽车电脑发出指令的方法来清除汽车电脑内储存的故障代码,不必拆卸蓄电池电缆。

(2)故障码的人工读取

不同车型的电子控制自动变速器电脑故障代码的人工读取方法各不相同。目前大部分车型的电脑故障代码的人工读取方法是用一根导线将汽车电脑故障检测插座内特定的两个插孔(故障自诊断插孔和接地插孔)短接,然后通过观察仪表板上自动变速器故障警告灯的闪亮规律读取故障代码,日本丰田轿车、美国通用轿车、美国福特轿车等都是采用这种方法。不同车型的汽车电脑故障检测插座形状及插孔分布各不相同。下面以皇冠轿车为例,说明自动变速器电脑故障代码的读出方法。对其他车型来说,其方法也基本相同。

在读取故障代码之前,应先检查汽车蓄电池电压是否正常,以防止蓄电池电压过低而导致电脑故障自诊断电路工作不正常。

然后按下列操作方法读出故障代码:

步骤 1:打开点火开关,将其置于 ON 位置,但不要启动发动机。

步骤 2:按下超速挡开关,将其置于 ON 位置。丰田轿车以仪表板上的超速挡指示灯"O/D OFF"作为电子控制自动变速器控制系统的故障警告灯。若将超速挡开关置于 ON 位置时,打开点火开关或汽车行驶中"O/D OFF"指示灯不停地闪烁,说明自动变速器的控制系统有故障。在读取故障代码时,不要将超速挡开关置于 OFF 位置,否则"O/D OFF"指示灯将一直亮着,无法读取故障代码。

步骤 3:打开位于发动机附近的汽车电脑故障检测插座罩盖,依照罩盖内所注明的各插孔的名称,用一根导线将 TE1(故障自诊断触发端)和 E1(接地)两插孔相连接。

步骤 4:根据自动变速器故障警告灯的闪亮规律读出故障代码。

若自动变速器控制系统工作正常,电脑内没有故障代码,则故障警告灯以 2 次/s 的频率连续闪亮。

若自动变速器电脑内存在故障代码,则故障警告灯以 1 次/s 的频率闪亮,并将两位数的故障代码的十位数和个位数先后用故障警告灯的闪亮次数表示出来。

例如,当故障代码为 23 时,故障警告灯先以 1 次/s 的频率闪亮 2 次、表示故障代码的十位数为 2;然后停顿 1.5 s,再以 1 次/s 的频率闪亮 3 次,表示故障代码的个位数为 3,如图 7.21 所示。

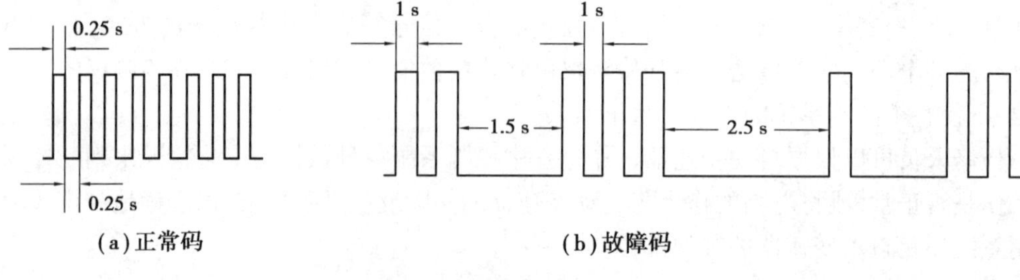

图 7.21　故障码的显示

当电脑内存储有几个故障代码时，电脑按故障代码的大小，依次将所有储存的故障代码显示出来，相邻 2 个故障代码之间的停顿时间为 2.5 s。当所有的故障代码全部显示完后，停顿 4.5 s，再重新开始显示。如此反复，直到从故障检测插座上拔下连接导线为止。

有些车型的自动变速器故障警告灯以不同频率的闪亮次数来表示故障代码的不同位数，如以较慢频率的闪亮次数显示故障代码的十位数，以较快频率的闪亮次数显示故障代码的个位数。

步骤 5：记录下故障码，对照故障码表，根据故障的原因进行修理。

步骤 6：读取所有的故障代码后，从检测插座上拔下连接导线，关闭点火开关。

(3) 自动变速器故障码的消除

清除故障码的方法通常有以下 3 种：

①利用解码器或诊断仪器进行清除。

②从蓄电池附近的仪表板熔断器中拆下发动机燃油喷射（EFI）熔丝（15 A）10 s 以上的时间来清除。

③断开蓄电池的负极连接线，但是这样也会将其他电子部件存储的记录一同清除。

如果故障码没有清除，它将在很长时间内一直存储在 ECU 的存储器中，以后发生故障读取故障码时，将会与新故障码一同显示。

清除故障码后，进行道路试验，检查自动变速器原先发生故障时的症状是否消失，并通过故障码指示灯看是否显示正常；否则，须再进行诊断和修理。

任务实训

根据任务要求，在实训场地准备好设备及工具等，以小组讨论的方式制订详细的工作计划或操作流程（工序），对小组成员进行合理分工，实施计划，完成相关任务并记录。

任　务	电子控制系统元件的检修				
姓　名		班　级		学　号	
实训场地		学　时		日　期	
设备及工具					
小组成员及分工					

续表

<table>
<tr><td>工作计划(操作流程或工序)</td><td>结　果</td></tr>
<tr><td></td><td></td></tr>
<tr><td colspan="2">根据结果写出体会或学习计划</td></tr>
<tr><td colspan="2"></td></tr>
</table>

任务练习

一、填空题

1.自动变速器的开关式电磁阀线圈的电阻一般为__________ Ω。

2.自动变速器故障自诊断读出故障代码的方法有两种,分别是__________和__________。

二、问答题

1.简述自动变速器液压油温度传感器的检测方法。

2.简述自动变速器开关式电磁阀的检测方法。

3.自动变速器故障码读取方法中的仪器法流程是什么?

情境 8 自动变速器的调试与故障诊断

自动变速器的结构和工作原理都很复杂,它是一个由机械、液压和电子控制系统组成的封闭装置,任何部位出现故障都将影响变速器的正常工作。一旦出现故障,检修的难度较大。在没有确定故障部位时,不能随便进行解体检修。应利用各种检测仪器和手段,按照由外到内、由简到繁的步骤和程序,诊断出故障原因,有针对性地进行检修。自动变速器的检验大体可分为初步检查、失速试验、时滞试验、油压试验和道路试验等内容。目的是发现和找出存在的问题,确定故障所在的部位及相应的修理方法。

自动变速器的检测程序一般按照以下的顺序来进行:

①初步检查;

②读取故障代码,按故障代码进行检测;

③失速试验;

④时滞试验;

⑤油压试验;

⑥道路试验;

⑦明确故障,开始检修。

任务 8.1 自动变速器的基本检修与调整

学习目标

完成本任务后,应达到以下知识目标和能力目标。

【知识目标】

- 了解自动变速器的基本检修内容;
- 熟悉电子控制自动变速器的使用及注意事项。

【能力目标】

- 能对自动变速器进行基本检修与调整的相关操作。

任务引入

某客户购买了装有自动变速器的汽车，与经验丰富的老司机交流使用自动变速器的问题，在红绿灯等情况下，一直用D挡位操作是否合理?

任务实施

电子控制自动变速器和手动变速器不一样，正确的操作能让电子控制自动变速器故障大幅降低，这里从电子控制自动变速器的使用和挡位选择进行说明。

电子控制自动变速器检修前需要进行基本的检修与调整，包括油质和油面高度的检查、节气门拉索和变速杆的检查、怠速的检查、空挡启动开关及超速挡控制开关的检查等。

8.1.1 电子控制自动变速器的使用

(1)驾驶注意事项

1)发动机启动时应注意的问题

①启动时选挡操纵手柄必须放在P位或N位。

②汽车在停放状态启动，必须拉紧驻车制动，踩下制动踏板，然后旋转点火开关启动。

2)汽车起步时应注意的问题

①停几秒后挂挡行车，选定挡位后放松驻车制动再缓慢放松制动踏板，缓慢起步。

②不允许边踩加速踏板边挂挡。

③不允许未松制动就猛加速。

④不应挂挡后立即一脚将加速踏板踩到底。

3)拖车时应注意的问题

①必须低速行驶，每次牵引距离不应超过50 km。

②长距离牵引时，后驱车应拆去传动轴，前驱车应支起驱动轮。

4)倒车时应注意的问题

车辆未停稳时不能挂入倒挡。

5)临时停车时应注意的问题

换挡杆停在D位，踩着制动踏板即可。

6)快速升挡时应注意的问题

保持节气门开度30%~50%，加速到15 km/h，快松加速踏板，变速器立即由1挡升至2挡。加速到30 km/h，再松加速踏板，变速器立即由2挡升至3挡，同理可升入4挡。

7)提前降挡时应注意的问题

未达降挡点时，稍踩加速踏板，就可实现降挡。

(2)挡位注意事项

①不能在N位上高速滑行。

②不能长期使用低速挡。

8.1.2　油质和油面高度的检查

自动变速器油液品质和油面高度的检查是自动变速器最基本的检查项目,也是决定自动变速器是否进行拆检的主要依据之一。

(1)油面高度的检查

各种型号的自动变速器的加油量都有明确的规定,油面高度的检查就是要求加油量符合规定。

自动变速器加油量原则上是在液力变矩器及各换挡执行元件的活塞都充满油之后,油底壳的油面高度应在行星排等旋转零件的最低位置之下,但必须高于阀体总成与自动变速器壳体的安装结合面。

将汽车停放在水平路面上,拉紧驻车制动。启动发动机,在发动机怠速下踩住制动踏板,将选挡杆分别拨至 P、N、R、D、2 和 L 等位置,并在每个挡位上停留几秒,这样使液力变矩器和所有换挡执行元件中都充满自动变速器油,最后再将选挡杆拨至 P 位。拔出油尺并擦干净,将擦干后的油尺全部插入加油管后再拔出,检查油面高度,具体操作简图如图 8.1 所示。

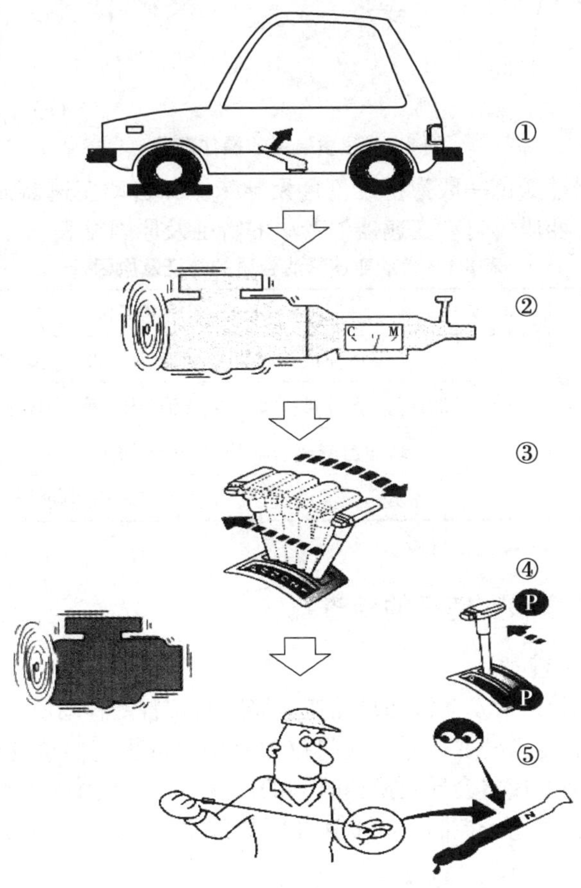

图 8.1　油面高度检查操作简图

油面高度在油尺规定的刻度线范围内则符合要求。若油面过低,应检查是否有泄漏现象,同时检查油质是否变质。若一切正常,则加注变速器油。

(2)油质的检查

油质检查时,应按照不同车型规定的行驶里程按时更换变速器油,一般汽车变速器油在10万~20万km后进行更换。当汽车没有行驶时,若放置一年以上,也必须将自动变速器油全部更换。

另外,还应在汽车行驶每2万km后或每6个月对变速器油进行油质检查。自动变速器油品质的检查方法是将油尺上的自动变速器油滴在干净的白纸上,检查自动变速器油的颜色及气味,操作简图如图8.2所示。

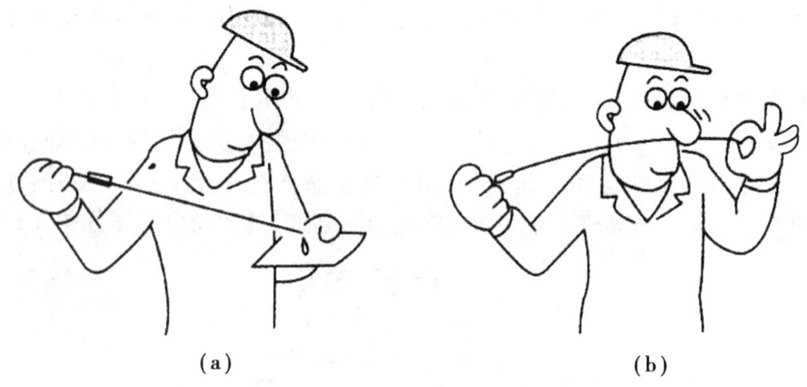

(a)　　(b)

图8.2　油质检查的操作简图

正常的自动变速器油颜色一般为粉红色且无异味。如自动变速器油呈褐色或有焦味等,则说明自动变速器油已变质。自动变速器油变质的特征及原因见表8.1。

表8.1　自动变速器油变质的特征及原因

变质的特征	变质的原因
极深的暗红色或褐色	重负荷或未按期更换变速器油,引起变矩器过热
颜色清淡,充满气泡	油面过高,油被搅动产生气泡,内部密封不严,混入空气或水
有黑色固体残渣及焦味	制动器或离合器烧损,轴承缺损,金属磨蚀的粉末等
似油膏覆盖在油尺上	自动变速器油过热,自动变速器油超期使用,油面过低等

8.1.3　节气门拉索和变速杆的检查

(1)节气门拉索的检查

节气门拉索的松或紧是由发动机和自动变速器相对位置的移动所造成的。汽车的自动变速器和发动机修理后,装复自动变速器节气门拉索时均应按规定要求进行调整。若节气门拉索调整不当,对液控自动变速器会导致换挡时刻的改变,造成换挡过早或过迟,使汽车加速性能变差或产生换挡冲击;对电子控制自动变速器将导致主油路压力异常,使换挡执行元件打滑或产生换挡冲击。

节气门拉索的检查方法:先踩下加速踏板,检查节气门开度,若节气门不能全开,应调整加速踏板的联动机构,然后再将加速踏板踩到全开位置,检查并调整节气门拉索的位置,具体如

图 8.3 所示。

节气门拉索的调整方法:先松开调整螺母,调整拉索,使防尘套与限位块的距离为 0~1 mm,然后拧紧调整螺母,最后再重新检查调整是否正确,具体如图 8.4 所示。

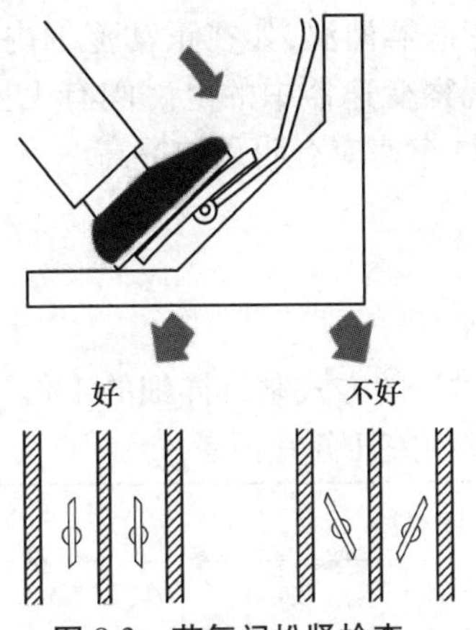

图 8.3　节气门松紧检查

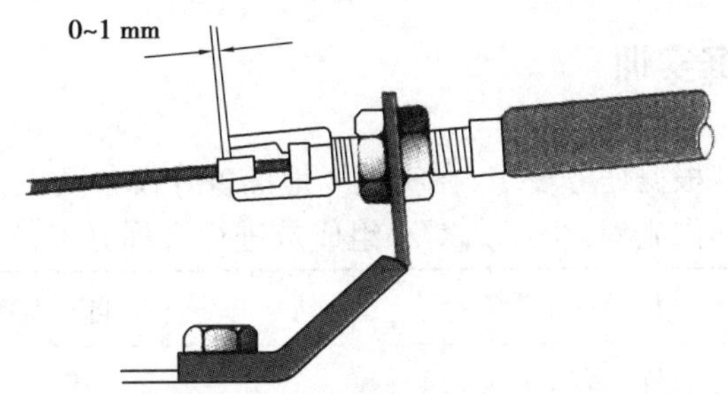

图 8.4　节气门拉索的调整

(2)变速杆的检查

变速杆一般有地板式和转向柱式两种,其调整方法相差不大。

①地板式变速杆的调整过程如下:

a.松开连接杆螺母。

b.把手控阀摇臂拨至空挡位置。先将摇臂朝汽车前端方向拨至极限位置(停车挡位置),然后再退回两位至空挡位置。

c.将变速杆置于空挡位置。

d.轻轻将手控阀摇臂靠向倒挡位置,同时连接并固定选挡杆与手控阀摇臂之间的连接杆。

e.检查调整情况。

②转向柱式变速杆的调整过程如下:

a.松开连接杆上的螺母。

b.将手控阀摇臂朝向汽车前方推到最前端。

c.调节连接杆上的螺母,使得摇臂处于空挡位置,并轻轻靠向 R 侧。

d.将连接杆上的螺母拧紧固定,并检查调整情况。

8.1.4　怠速的检查

将变速杆置于空挡位置,发动机在怠速工况下工作,如不打开空调,怠速的转速应在规定的范围内,一般为 600~800 r/min。

若怠速过高,将变速杆置于 D 位或 R 位,不踩加速踏板,车辆就开始“爬行”,换挡时发动机出现冲击和振动。但应注意,对大功率车辆或空车可能会有轻微的“爬行”,这是正常的。

若怠速过低,换挡时由于动力不足,可能引起车身振动,严重时可能导致发动机熄火。

8.1.5　空挡启动开关和超速挡控制开关的检查

(1)空挡启动开关的检查

检查变速杆和手控制阀的位置是否对应,这样才能保证变速杆在 P 位和 N 位时发动机能正常启动,而其他位置的发动机均不能启动。否则,应对空挡启动开关进行调整。大多数情况下,变速杆在N位时,其控制拉臂应与地面垂直,具体的调节根据不同的车型有所不同。

(2)超速挡控制开关的检查

首先在停车状态下启动发动机几分钟后熄火,测量自动变速器油温,如在正常范围内(一般为50~80 ℃),再启动发动机,并接通超速挡(O/D)开关,观察变速器中的电磁阀有无操作声。以上检查都正常后进行路试,当接通超速挡(O/D)开关时,车速应有明显的提高。

任务实训

根据任务要求,在实训场地准备好设备及工具等,以小组讨论的方式制订详细的工作计划或操作流程(工序),对小组成员进行合理分工,实施计划,完成相关任务并记录。

<table>
<tr><td>任　务</td><td colspan="5">自动变速器的基本检修与调整</td></tr>
<tr><td>姓　名</td><td></td><td>班　级</td><td></td><td>学　号</td><td></td></tr>
<tr><td>实训场地</td><td></td><td>学　时</td><td></td><td>日　期</td><td></td></tr>
<tr><td>设备及工具</td><td colspan="5"></td></tr>
<tr><td>小组成员及分工</td><td colspan="5"></td></tr>
<tr><td colspan="5">工作计划(操作流程或工序)</td><td>结　果</td></tr>
<tr><td colspan="5"></td><td></td></tr>
<tr><td colspan="6">根据结果写出体会或学习计划</td></tr>
<tr><td colspan="6"></td></tr>
</table>

任务练习

一、填空题

1.自动变速器启动时选挡操纵手柄必须放在__________或__________。

2.自动变速器__________和__________的检查是自动变速器最基本的检查项目,也是决定自动变速器是否进行拆检的主要依据之一。

二、问答题

1.描述如何正确地驾驶自动变速器的汽车。

2.配备自动变速器的汽车,变速杆的检查应如何进行?

任务 8.2　自动变速器常见试验

学习目标

完成本任务后,应达到以下知识目标和能力目标。

【知识目标】

- 了解自动变速器有哪些检测试验;
- 熟悉自动变速器的检测试验的作用和目的。

【能力目标】

- 能对自动变速器进行失速试验、时滞试验、油压试验和道路试验,并会对试验进行分析和检修。

任务引入

某品牌的汽车行驶里程有 20 000 km,车主向维修人员反映,该车出现各个挡位动力均不足的情况。经维修人员基本检查发现,发动机动力正常,初步判断是自动变速器的问题,如何简单证实是不是自动变速器的问题呢?

任务实施

8.2.1　自动变速器的失速试验

失速试验是自动变速器检查的一种基本试验方法。它是汽车在前进挡或倒挡的同时踩住制动踏板和加速踏板,使发动机处于最大转矩工况,而此时自动变速器输入轴及输出轴均静止不动,液力变矩器的涡轮也因此静止不动。只有液力变矩器壳及泵轮随发动机一起转动,这种工况属于失速工况,此时发动机的转速称为失速转速。

自动变速器的失速试验主要用于检查发动机、液力变矩器及自动变速器中有关的换挡执行元件的工作是否正常。失速试验是满负荷试验,应严格控制试验时间,一般在 5 s 以内。若需要重复试验,应间隔 3 min 以后再进行。试验完成后不要马上关闭点火开关,应使发动机在怠速下运行一段时间。在试验中,如加速踏板踩下后发现驱动轮转动,应立即放开加速踏板,停止试验。

(1)失速试验的准备

①启动发动机,并行驶一定距离,确保发动机和自动变速器均达到正常工作温度,如图 8.5 所示。

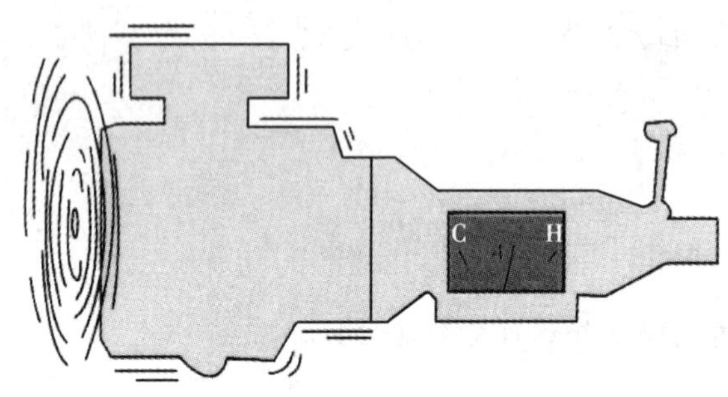

图 8.5　发动机与变速器预热

②对汽车的行车制动和驻车制动进行彻底的检查,确保其性能良好,具体如图 8.6 所示。

图 8.6　制动检查

③检查自动变速器的油面高度,应保持正常,如图 8.7 所示。

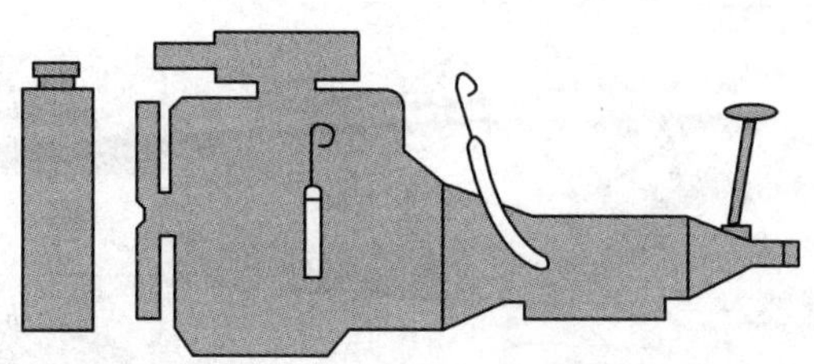

图 8.7　油面高度检查

(2)失速试验的步骤

①将汽车停放在宽阔的水平地面上,前后应无障碍物,前后车轮用三角木块塞死,应保证汽车不会发生移动,如图 8.8 所示。

图 8.8　三角木块固定汽车

②如汽车无发动机转速显示,则安装发动机转速表。

③拉紧驻车制动,左脚用力踩住制动踏板。

④启动发动机,并将变速杆拨入 D 位,如图 8.9 所示。

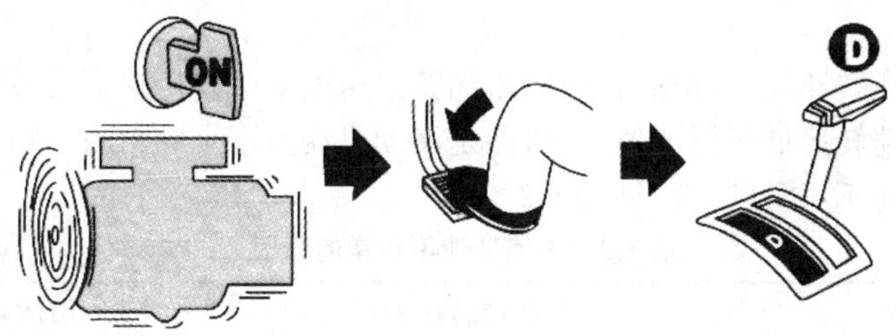

图 8.9　挂 D 挡操作

⑤在左脚踩紧制动踏板的同时,用右脚将加速踏板踩到底,迅速读取此时发动机的最高转速。读取发动机转速后,应立即松开加速踏板,如图 8.10 所示。

⑥将变速杆拨入 P 位或 N 位,使发动机怠速运转 1 min 以上,以防止自动变速器 ATF 油因温度过高而变质,如图 8.11 所示。

⑦将选挡杆拨入其他挡位,做同样的试验。

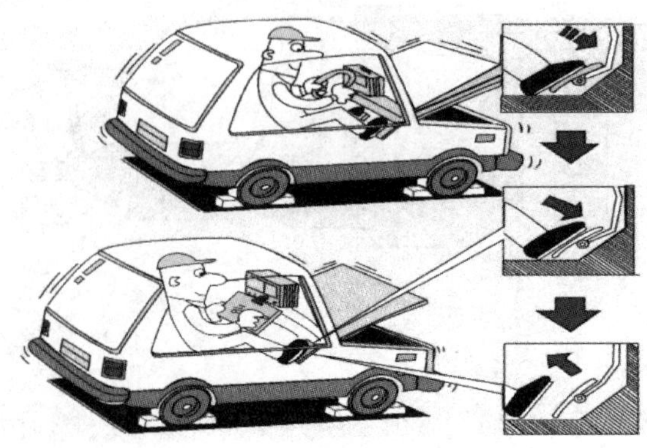

图 8.10　读取发动机最高转速

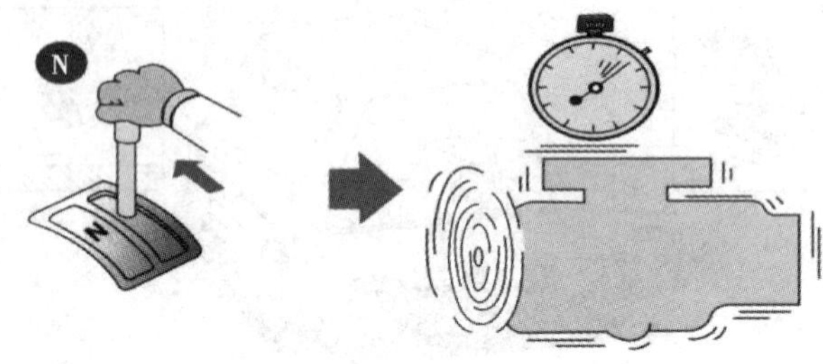

图 8.11　挂 N 挡冷却 ATF 油

(3)失速试验的分析

试验完成后对记录的自动变速器失速转速值与标准值进行核对,不同车型的自动变速器都有其失速转速标准。

①若记录的失速转速与标准值相符,说明自动变速器的油泵、主油路油压及各个换挡执行元件的工作基本正常。

②若记录的失速转速高于标准值,说明主油路油压过低或换挡执行元件打滑。

③若记录的失速转速低于标准值,则可能是发动机动力不足或液力变矩器有故障。

具体的失速转速不正常的原因见表 8.2。

表 8.2　失速转速不正常的原因

变速杆位置	失速转速	故障原因
所有位置	过高	主油路油压过低;前进离合器打滑;倒挡执行元件打滑
	过低	发动机动力不足;变矩器导轮单向离合器打滑
仅在 D 位	过高	前进挡油路油压过低;前进离合器打滑
仅在 R 位	过高	倒挡油路油压过低;倒挡执行元件打滑

8.2.2 自动变速器的时滞试验

自动变速器的时滞试验是利用换挡的迟滞时间来分析故障的,是对失速试验的进一步验证。所谓换挡迟滞时间,就是在怠速状态下,将变速杆从空挡拨至前进挡或倒挡后,需要有一段短暂时间的迟滞或延时才能使自动变速器完成挡位的变换,此时汽车会产生一个轻微的振动,这一短暂的时间差称为自动变速器换挡的迟滞时间。

(1)时滞试验的步骤

①启动发动机,并行驶一定距离,确保发动机和自动变速器达到正常工作温度(50~80 ℃)。

②将汽车停放在水平路面上,拉紧驻车制动。

③将变速杆分别置于 N 位和 D 位,检查两个挡位时的怠速,N 位怠速应略高于 D 位怠速,一般应在 50 r/min 左右,如不正常,应按规定予以调整。

④保持发动机怠速,将自动变速器变速杆从 N 位换至 D 位,用秒表测量从拨动变速杆开始到感觉汽车振动为止所需的时间,这个时间就是 D 位迟滞时间。

⑤将变速杆拨回 N 位,发动机仍保持怠速 1 min 后再次测试,测试 3 次后计算 3 次的平均值作为最终的 D 位迟滞时间。

⑥按上述方法测量并计算 R 位迟滞时间。

时滞试验步骤操作简图如图 8.12 所示。

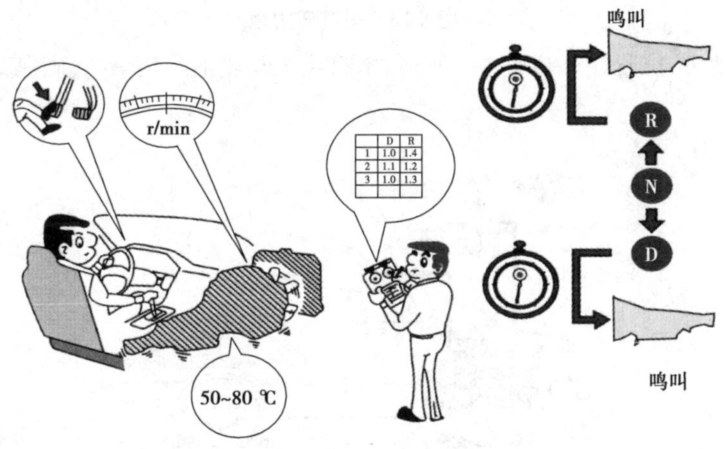

图 8.12 时滞试验步骤操作简图

(2)时滞试验的分析

不同车型的迟滞时间不完全相同,但一般 D 位迟滞时间为 1.0~1.2 s,R 位迟滞时间为 1.2~1.6 s。如迟滞时间过长则可能是控制油压太低,前进离合器活塞漏油,离合器片磨损等原因。迟滞时间过短则可能是控制油压过高,间隙调整不当等原因。

8.2.3 自动变速器的油压试验

自动变速器控制系统油压正常与否是自动变速器是否正常工作的先决条件。油压试验正是测量自动变速器工作时控制系统中各个油路中的油压,以确定是否符合要求。

油压过高,会使自动变速器出现严重的换挡冲击,甚至损坏控制系统;油压过低,会造成换挡执行元件打滑,加剧其摩擦片的磨损,甚至使换挡执行元件烧毁。因油压过低而造成换挡执行元件烧毁的自动变速器,在更换烧毁的摩擦片前应找出真正的故障原因并加以修复,否则更换后的摩擦片经过一段时间的使用后往往会再次烧毁。

因此,在分解修理自动变速器之前和修复自动变速器之后,都要对自动变速器做油压试验,以保证自动变速器的修理质量。

(1)油压试验的方法

①拔去变速器壳体上的检查接头塞,接上压力表,如图 8.13 所示。

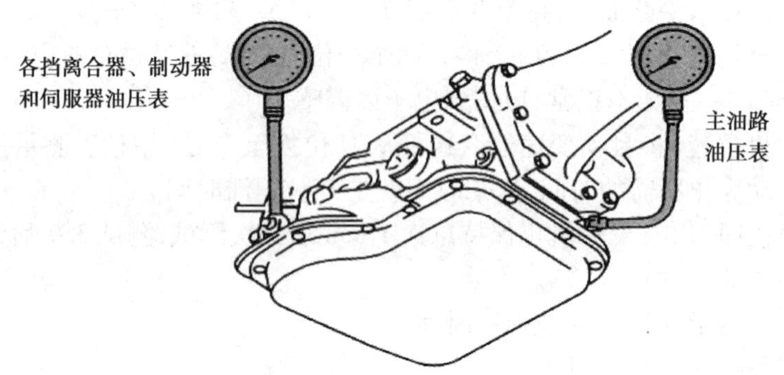

图 8.13　安装压力表

②启动发动机,拉紧驻车制动,并用三角木将 4 个车轮前后均堵死,确保车辆不会移动,如图 8.14 所示。

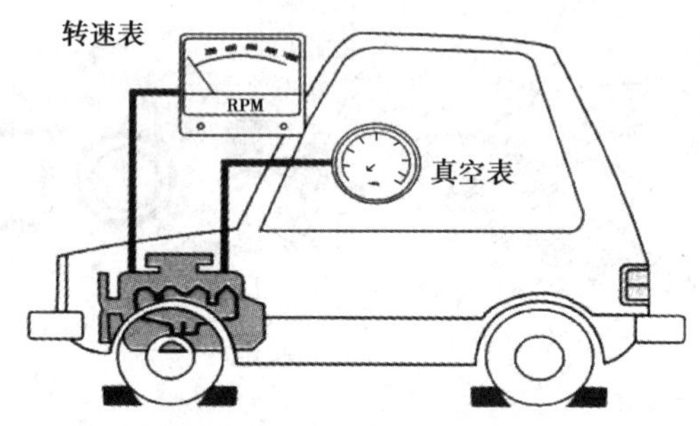

图 8.14　用木块固定汽车

③当变速器 ATF 油温度正常(50~80 ℃)时开始试验。

④踩下制动踏板,将变速杆换入 D 位,先测量怠速状态下的主油路管道的压力,如图 8.15 所示。

⑤将加速踏板踩到底,测量发动机失速转速时的油路的最高压力,如图 8.16 所示。

⑥将变速杆换入其他前进挡和 R 位,重复上述试验。

图 8.15　读取主油路油压

图 8.16　读取油路最高油压

(2)油压试验的分析

①仅在 D 位油压过低:可能是 D 挡位置油路泄漏或前进离合器故障。

②仅在 N 位油压过低:可能是 R 挡位置油路泄漏、直接挡离合器故障或倒挡制动器故障。

③任何范围油压均高于规定值:可能是节气门拉索调整不当、节气门阀失效或调整阀失效。

④任何范围油压均低于规定值:可能是节气门拉索调整不当、节气门阀失效或调整阀失效。

8.2.4　自动变速器的道路试验

道路试验可以进一步检查自动变速器的使用性能和换挡性能。它是诊断、分析自动变速器故障的最有效的手段之一。

另外,自动变速器在修复之后,也应进行道路试验,以检验其工作性能和修理质量。自动变速器的道路试验内容主要有检查换挡车速、换挡质量及换挡执行元件有无打滑现象。

在道路试验之前,应先排除汽车发动机和底盘的故障,并让汽车以中低速行驶一段距离,使发动机和自动变速器都达到正常工作温度后分项进行试验。在试验中,一般情况下,应将超速挡开关置于开的位置,即超速挡指示灯熄灭,并将模式开关置于普通模式或经济模式下。

由于道路试验需要操纵者凭感觉来记录车速表和转速表的数值才能检查分析其性能,因此操纵者应选择技术熟练的人员,并将记录下的数据与此车型的换挡规律图进行比对。

(1)D 挡试验

在正常或加力模式下,挡位如果可以顺序自动增加,则属于正常情况,如图 8.17 所示。如不能,按升挡顺序检查。如不能从 1 挡升至 2 挡,可能是 2 号电磁阀故障或换挡阀故障。如不能从 2 挡升至 3 挡,可能是 1 号电磁阀故障或换挡阀故障。如不能从 3 挡升至 4 挡,可能是换挡阀故障。

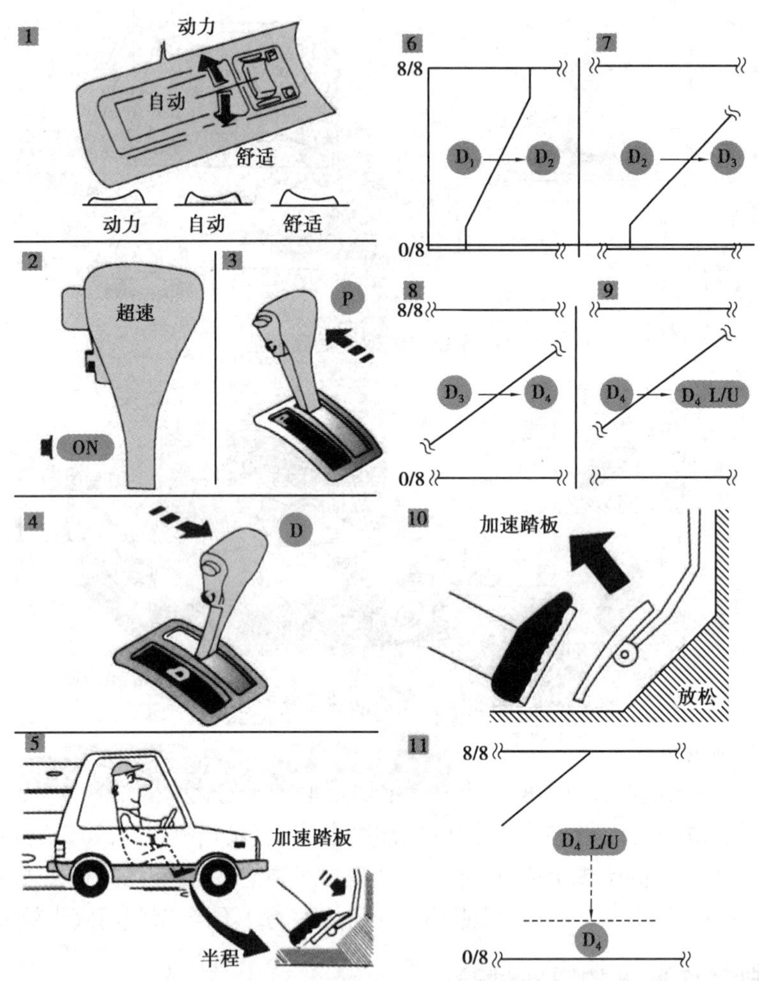

图 8.17　自动变速器升挡简图

检查锁止离合器的锁止机构，以加速挡行驶，当速度达到锁止离合器接合速度，约为 75 km/h时，轻轻加一下油，发动机转速表如有跳动，说明没有锁止。

(2)2 挡试验

在 2 挡行驶时，2 挡齿轮进入啮合，松开加速踏板，检查发动机制动效能。如没有，则 2 挡减速制动有故障。反复踩加速踏板，检查升挡和降挡时有无异响、有无振动。

(3)L 挡试验

在 L 挡行驶时，放开加速踏板，检查发动机制动效能，如没有，则 1 挡与 R 挡制动器有故障。反复踩加速踏板，检查变速器有无不正常响声。

(4)R 挡试验

停车后换入 R 挡，能迅速倒车，不会打滑，说明是正常的。

(5)P 挡试验

将车辆停在一定坡度(斜率为 9%)的坡道上，换入 P 挡，逐渐放开驻车制动，检查制动效果。此时应注意车辆滑移或溜车。

任务实训

根据任务要求，在实训场地准备好设备及工具等，以小组讨论的方式制订详细的工作计划或操作流程（工序），对小组成员进行合理分工，实施计划，完成相关任务并记录。

<table>
<tr><td>任　务</td><td colspan="5">自动变速器常见试验</td></tr>
<tr><td>姓　名</td><td></td><td>班　级</td><td></td><td>学　号</td><td></td></tr>
<tr><td>实训场地</td><td></td><td>学　时</td><td></td><td>日　期</td><td></td></tr>
<tr><td>设备及工具</td><td colspan="5"></td></tr>
<tr><td>小组成员及分工</td><td colspan="5"></td></tr>
<tr><td colspan="5">工作计划（操作流程或工序）</td><td>结　果</td></tr>
<tr><td colspan="5"></td><td></td></tr>
<tr><td colspan="6">根据结果写出体会或学习计划</td></tr>
<tr><td colspan="6"></td></tr>
</table>

任务练习

一、填空题

1.自动变速器的常见试验有__________、__________、__________和__________。

2.油压过高,会使自动变速器出现严重的__________,甚至__________。

二、问答题

1.自动变速器时滞试验的目的是什么?

2.自动变速器在什么情况下需要进行道路试验,道路试验包括哪些内容?

任务 8.3 自动变速器的拆装

学习目标

完成本任务后,应达到以下知识目标和能力目标。

【知识目标】

- 了解自动变速器的拆卸内容;
- 熟悉自动变速器拆卸的注意事项及步骤。

【能力目标】

- 能对自动变速器进行拆卸,包括从车上将自动变速器整体拆卸下来,并将自动变速器本身进行拆卸。

任务引入

自动变速器必须按照正确的步骤进行拆卸,以免损坏。在拆卸自动变速器之前,必须关闭发动机的点火开关,拆下蓄电池负极电缆,并放掉变速器中的液压油,然后按步骤进行拆卸,如图 8.18 所示。

任务实施

8.3.1 自动变速器的拆卸

在拆卸自动变速器前,应关闭汽车的点火开关,拆下蓄电池负极电缆,放掉变速器中的液压油,然后按步骤进行拆卸。具体拆卸步骤如下:

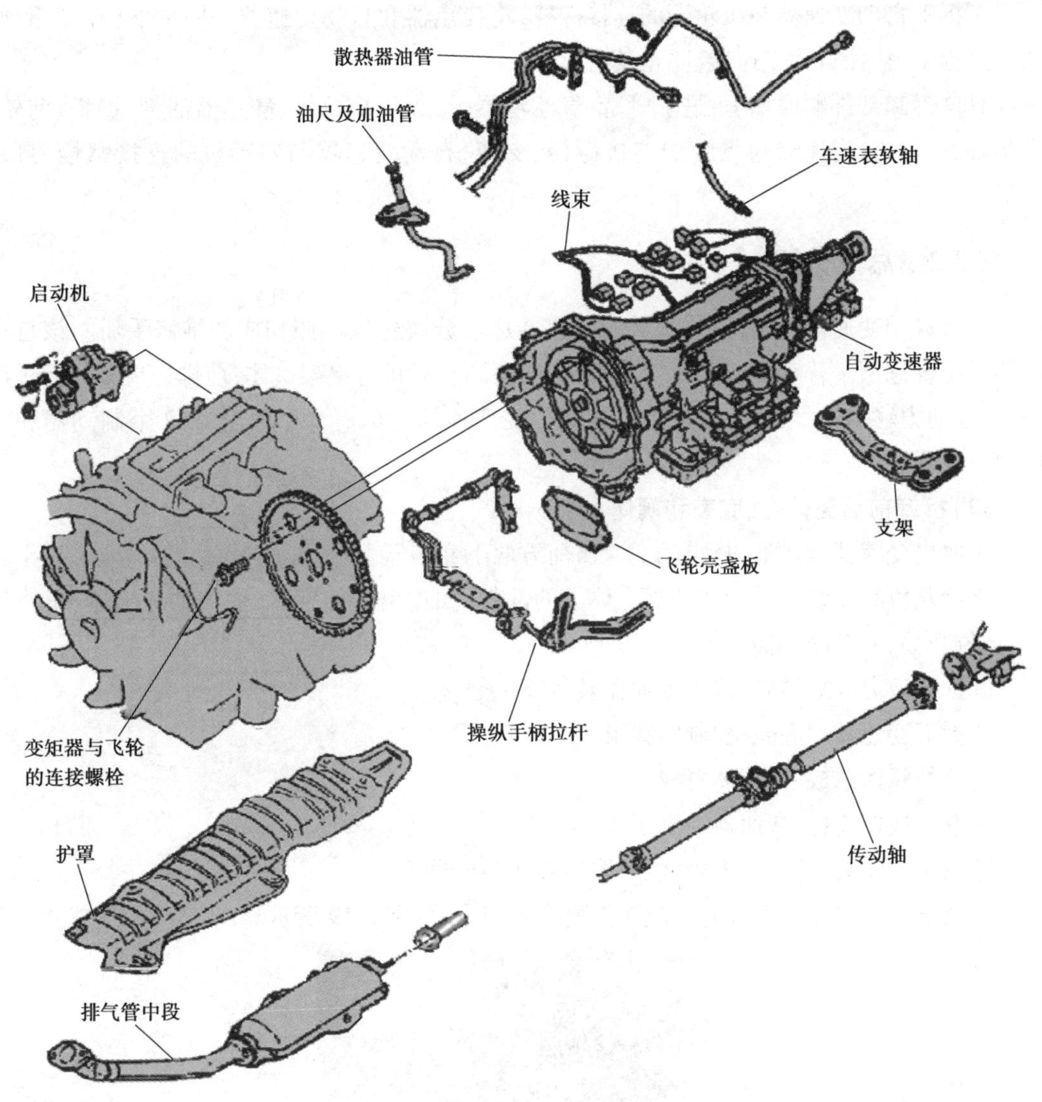

图 8.18　自动变速器拆卸顺序

①拆下与节气门摇臂连接的自动变速器节气门拉索,拔下自动变速器上的所有线束插头,拆除车速表软轴、液压油加油管、散热器油管、操纵手柄与手动阀摇臂的连接杆等所有与自动变速器连接的零部件。

②拆去排气管中段,拆除自动变速器下方的护照、护板等。

③松开传动轴与输入轴的连接螺栓,拆下传动轴。

④拆下飞轮壳盖板,用起子撬开飞轮,逐个拆下飞轮与变矩器的连接螺栓。

⑤拆下启动机。

⑥拆下自动变速器与车架的连接支架，用千斤顶托住自动变速器。

⑦拆下自动变速器与飞轮壳的连接螺栓，将变矩器和自动变速器一同抬下（注意事项：在这一过程中，扶住自动变速器，防止其滑落）。

具体拆卸部件顺序如下：进气管、空气滤清器、操纵手柄拉杆、散热器油管、护板、前轮、左右半轴、启动机、变速器与飞轮的连接螺栓、支架、自动变速器与发动机的连接螺栓、自动变速器。

8.3.2 总成分解

以某自动变速器为例，其他型号的变速器总成分解建议参照相应的维修手册。该自动变速器采用改进型辛普森式行星齿轮机构，其前齿圈与后排行星架一体；前排行星架与后排齿圈一体，是动力输出端，两个太阳轮独立运动。在变速器内部有 3 个离合器、2 个制动器和 1 个单向离合器。

（1）拆卸前后壳体、油底壳和阀体

①放出变速器液压油，从自动变速器前方取下变矩器。

②拆除所有安装在自动变速器壳体上的部件，如输出轴传感器、输入轴传感器、车速传感器、挡位开关、ATF 冷却油管等。

③拆下液力变矩器壳，取出差速器及 ATF 过滤器。

④拆下变速器油底壳、控制阀线束。

⑤拆外阀体总成、内阀体总成。

⑥取出换挡连杆、变速器油泵。

⑦取出减速离合器/输入轴，然后取出减速离合器壳。

⑧取出变速器后端壳、倒挡/超速挡离合器组合，如图 8.19 所示。

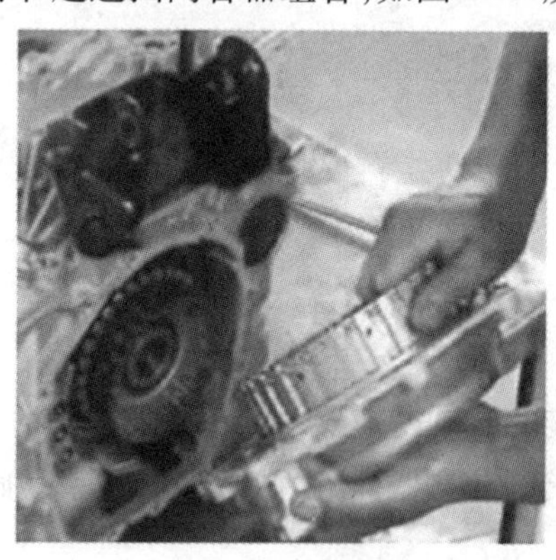

图 8.19　取出倒挡/超速挡离合器

⑨取出制动器、回位弹簧。

⑩取出变速器制动钢片及摩擦片。

(2)分解行星齿轮变速机构

①取出行星齿轮组及行星齿轮组卡环。

②取出短行星轮及前太阳轮。

③取出长行星轮,如图 8.20 所示。

④取倒挡和超速挡离合器。取出卡环、倒挡离合器毂、离合器钢片和离合器摩擦片。

⑤取制动器片和压板。取出卡环、制动器钢片(5 片)、输出轴堵盖。

⑥取驱动轮。取出驱动轮螺帽、驱动齿轮。

⑦取出低挡和倒挡制动器、离合器。

⑧取出低挡和倒挡回位弹簧,取出驱动齿轮固定盘。

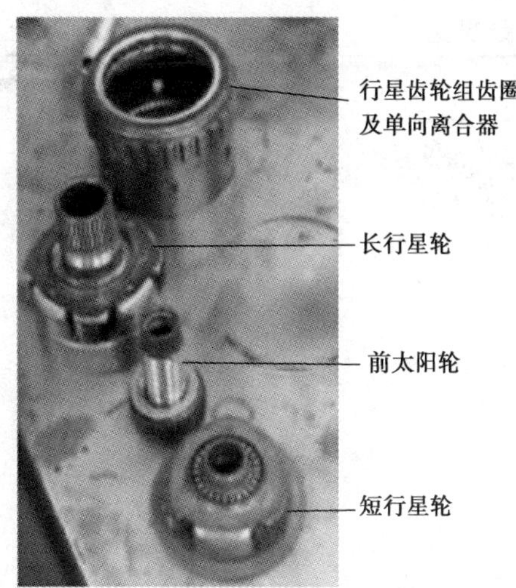

图 8.20　取出行星齿轮机构部件

在分解自动变速器时,应将所有组件和零件按分解顺序依次排放,以便于检修和组装。

特别要注意各个止推垫片、止推轴承的位置不可错乱。

任务实训

根据任务要求,在实训场地准备好设备及工具等,以小组讨论的方式制订详细的工作计划或操作流程(工序),对小组成员进行合理分工,实施计划,完成相关任务并记录。

<table>
<tr><td>任　务</td><td colspan="5">自动变速器的拆装(拆装整体和拆装变速器本身)</td></tr>
<tr><td>姓　名</td><td></td><td>班　级</td><td></td><td>学　号</td><td></td></tr>
<tr><td>实训场地</td><td></td><td>学　时</td><td></td><td>日　期</td><td></td></tr>
<tr><td>设备及工具</td><td colspan="5"></td></tr>
<tr><td>小组成员及分工</td><td colspan="5"></td></tr>
</table>

续表

工作计划(操作流程或工序)	结　果
根据结果写出体会或学习计划	

任务练习

一、填空题

1.将自动变速器从车上拆卸下来必须先拆下在__________的负极电缆,放掉自动变速器中的__________。

2.自动变速器总成分解应从__________和__________两个大的方面进行。

二、问答题

1.简述从汽车上将自动变速器拆卸下来的注意事项。

2.简述自动变速器总成分解的具体拆卸步骤。

任务 8.4　常见故障的诊断与排除

学习目标

完成本任务后,应达到以下知识目标和能力目标。

【知识目标】

- 了解自动变速器常见故障;
- 熟悉自动变速器常见故障的现象及原因。

【能力目标】

- 能对自动变速器常见故障进行故障诊断与排除。

任务引入

某品牌自动挡汽车行驶了 50 000 km,车主发现该车前进挡能正常行驶,但换至倒挡,则无法行驶。车主将汽车开往 4S 店,经过维修师的初步检查,认为自动变速器出现了问题,需要进行油路及执行器件拆装维修。

任务实施

8.4.1　汽车不能行驶

(1)故障现象

①无论操纵手柄位于倒挡、前进挡或前进低挡,汽车都不能行驶。

②冷车启动后汽车能行驶一小段路程,但稍一热,车就不能行驶了。

(2)故障原因

①自动变速器油底壳被撞坏,液压油全部漏光。

②操纵手柄和手动阀摇臂之间的连杆或拉索松脱,手动阀保持在空挡或停车挡位置。

③油泵进油滤网堵塞。

④主油路严重泄漏。

⑤油泵损坏。

(3)故障诊断与排除

①拔出自动变速器的油尺,检查自动变速器液压油的油面高度。若油尺上没有液压油,说明自动变速器内的液压油已全部漏光。

对此,应检查油底壳、液压油散热器、油管等处有无破损而导致漏油。如有严重漏油处,应修复后重新加油。

②检查自动变速器操纵手柄与手动阀摇臂之间的连杆或拉索有无松脱。如有松脱,应予以装复,并重新调整好操纵手柄的位置。

③拆下主油路测压孔上的螺塞,启动发动机,将操纵手柄拨至前进挡或倒挡位置,检查测压孔内有无液压油流出。

④若主油路侧压孔内没有液压油流出,应打开油底壳,检查手动阀摇臂轴与摇臂有无松脱,手动阀阀芯有无折断或脱钩。若手动阀工作正常,则说明油泵损坏。对此,应拆卸分解自动变速器,更换油泵。

⑤若主油路测压孔内只有少量液压油流出,油压很低或基本上没有油压,应打开油底壳,检查油泵进油滤网有无堵塞。如无堵塞,说明油泵损坏或主油路严重泄漏。对此,应拆卸分解自动变速器,予以修理。

⑥若冷车启动时主油路有一定的油压,但热车后油压即明显下降,说明油泵磨损过甚。对此,应更换油泵。

⑦若测压孔内有大量液压油喷出,说明主油路油压正常,故障出在自动变速器中的输入轴、行星排或输出轴。对此,应拆检自动变速器。

8.4.2 自动变速器打滑

(1)故障现象

①起步时踩下加速踏板,发动机转速很快升高,但车速升高缓慢。

②行驶中踩下加速踏板加速时,发动机转速升高,但车速没有很快提高。

③平路行驶基本正常,但上坡无力且发动机转速异常高。

(2)故障原因

①液压油油面太低。

②液压油油面太高,运转中被行星排剧烈搅动后产生大量气泡。

③离合器或制动器摩擦片、制动带磨损过甚或烧焦。

④油泵磨损过甚或主油路泄漏,造成油路油压过低。

⑤单向超越离合器打滑。

⑥离合器或制动器活塞密封圈损坏,导致漏油。

⑦减振器活塞密封圈损坏,导致漏油。

(3)故障诊断与排除

打滑是自动变速器最常见的故障之一。虽然自动变速器打滑往往都伴有离合器或制动器摩擦片严重磨损甚至烧焦等现象,但如果只是简单地更换磨损的摩擦片而没有找出打滑的真正原因,则会使修复后的自动变速器使用一段时间后又出现打滑现象。因此,对出现打滑的自动变速器,不要急于拆卸分解,应先做各种检查测试,以找出造成打滑的真正原因。

①对出现打滑现象的自动变速器,应先检查其液压油的油面高度和品质。若油面过低或过高,应先调整至正常后再作检查。若油面调整正常后自动变速器不再打滑,可不必拆修自动变速器。

②检查液压油的品质。若液压油呈棕黑色或有烧焦味,说明离合器或制动器的摩擦片或制动带有烧焦,应拆修自动变速器。

③做路试,以确定自动变速器是否打滑,并检查出现打滑的挡位和打滑的程度。将操纵手

柄拨入不同的位置,让汽车行驶。若自动变速器升至某一挡位时发动机转速突然升高,但车速没有相应地提高,即说明该挡位有打滑。打滑时发动机的转速越容易升高,说明打滑越严重。

④对有打滑故障的自动变速器,在拆卸分解之前,应先检查自动变速器的主油路油压,以找出造成自动变速器打滑的原因。自动变速器不论前进挡或倒挡均打滑,其原因往往是主油路油压过低。若主油路油压正常,则只要更换磨损或烧焦的摩擦元件即可。若主油路油压不正常,则在拆修自动变速器的过程中,应根据主油路油压,相应地对油泵或阀板进行检修,并更换自动变速器的所有密封圈和密封环。

8.4.3　换挡冲击大

(1)故障现象

①起步时,由停车挡或空挡挂入倒挡或前进挡时,汽车振动较严重。

②行驶中,在自动变速器升挡的瞬间汽车有较明显的闯动。

(2)故障原因

①发动机怠速过高。

②节气门拉索或节气门位置传感器调整不当,使主油路油压过高。

③升挡过迟。

④真空式节气门阀的真空软管破裂或松脱。

⑤主油路调压阀有故障,使主油路油压过高。

⑥减振器活塞卡住,不能起减振作用。

⑦单向阀钢球漏装,换挡执行元件(离合器或制动器)接合过快。

⑧换挡执行元件打滑。

⑨油压电磁阀不工作。

⑩电脑有故障。

(3)故障诊断与排除

导致自动变速器换挡冲击大的故障原因有很多,情况也比较复杂。故障原因可能是调整不当等,对此,只要稍做调整即可排除;也可能是自动变速器内部的控制阀、减振器或换挡执行元件有故障,对此,必须分解自动变速器,予以修理;还可能是电子控制系统有故障,对此,必须对电子控制系统进行检测,才能找出具体原因。因此,在诊断故障的过程中,必须循序渐进,对自动变速器的各个部分作认真的检查。一定要在全面检测的基础上,有针对性地进行分解修理,切不可盲目地拆修。

①检查发动机怠速。装有自动变速器的汽车的发动机怠速一般为750 r/min左右。若怠速过高,应按标准予以调整。

②检查节气门拉索或节气门位置传感器的调整情况。如不符合标准,应重新予以调整。

③检查真空式节气门阀的真空软管。如有破裂,应更换;如有松脱,应接牢。

④作道路试验。如果有升挡过迟的现象,则说明换挡冲击大的故障是升挡过迟所致。如果在升挡之前发动机转速异常升高,导致在升挡的瞬间有较大的换挡冲击,则说明离合器或制动器打滑,应分解自动变速器,予以修理。

⑤检测主油路油压。如果怠速时的主油路油压过高,则说明主油路调压阀或节气门阀有故障;可能是调压弹簧的预紧力过大或阀芯卡滞所致;如果怠速时主油路油压正常,但起步进

挡时有较大的冲击,则说明前进离合器或倒挡及高挡离合器的进油单向阀阀球损坏或漏装。对此,应拆卸阀板,予以修理。

⑥检测换挡时的主油路油压。在正常情况下,换挡时的主油路油压会有瞬时的下降。如果换挡时主油路油压没有下降,则说明减振器活塞卡滞。对此,应拆检阀板和减振器。

⑦电子控制自动变速器如果出现换挡冲击过大的故障,应检查油压电磁阀的线路以及油压电磁阀工作是否正常、电脑是否在换挡的瞬间向油压电磁阀发出控制信号。

如果线路有故障,应予以修复;如果电磁阀损坏,应更换电磁阀;如果电脑在换挡的瞬间没有向油压电磁阀发出控制信号,说明电脑有故障,对此,应更换电脑。

8.4.4 不能升挡

(1)故障现象

①汽车行驶中自动变速器始终保持在 1 挡,不能升入 2 挡及高速挡。

②行驶中自动变速器可升入 2 挡,但不能升入 3 挡和超速挡。

(2)故障原因

①节气门拉索或节气门位置传感器调整不当。

②调速器有故障。

③调速器油路严重泄漏。

④车速传感器有故障。

⑤2 挡制动器或高挡离合器有故障。

⑥换挡阀卡滞。

⑦挡位开关有故障。

(3)故障诊断与排除

①对电子控制自动变速器,应先进行故障自诊断。影响换挡控制的传感器有节气门位置传感器、车速传感器等。按所显示的故障代码查找故障原因。

②按标准重新调整节气门拉索或节气门位置传感器。

③检查车速传感器。如有损坏,应予以更换。

④检查挡位开关的信号。如有异常,应予以调整或更换。

⑤测量调速器油压。若车速升高后调速器油压仍为 0 或很低,说明调速器有故障或调速器油路严重泄漏。对此,应拆检调速器。调速器阀芯如有卡滞,应分解清洗,并将阀芯和阀孔用金相砂纸抛光。若清洗抛光后仍有卡滞,应更换调速器。

⑥用压缩空气检查调速器油路有无泄漏。如有泄漏,应更换密封圈或密封环。

⑦若调速器油压正常,应拆卸阀板,检查各个换挡阀。

换挡阀如有卡滞,可将阀芯取出,用金相砂纸抛光,再清洗后装入。如不能修复,应更换阀板。

⑧若控制系统无故障,应分解自动变速器,检查各个换挡执行元件有无打滑,用压缩空气检查各个离合器、制动器油路或活塞有无泄漏。

8.4.5　升挡过迟

(1)故障现象

①在汽车行驶中,升挡车速明显高于标准值,升挡前发动机转速偏高。

②必须采用松加速踏板提前升挡的操作方法才能使自动变速器升入高挡或超速挡。

(2)故障原因

①节气门拉索或节气门位置传感器调整不当。

②节气门位置传感器损坏。

③调速器卡滞。

④调速器弹簧预紧力过大。

⑤调速器壳体螺栓松动或输出轴上的调速器进出油孔处的密封环磨损,导致调速器油路泄漏。

⑥真空式节气门阀推杆调整不当。

⑦真空式节气门阀的真空软管破裂或真空膜片室漏气。

⑧主油路油压或节气门油压太高。

⑨强制降挡开关短路。

⑩电脑或传感器有故障。

(3)故障诊断与排除

①对电子控制自动变速器,应先进行故障自诊断。如有故障代码,则按所显示的故障代码查找故障原因。

②检查节气门拉索或节气门位置传感器的调整情况。如不符合标准,应重新予以调整。

③测量节气门位置传感器的电阻。如不符合标准,应予以更换。

④对采用真空式节气门阀的自动变速器,应拔下真空式节气门阀上的真空软管,检查在发动机运转中真空软管内有无吸力。如果没有吸力,说明真空软管破裂、松脱或堵塞;对此,应予以修复。

⑤检查强制降挡开关。如有短路,应予以修复或更换。

⑥测量怠速时的主油路油压,并与标准值进行比较。若油压太高,应通过节气门拉索或节气门位置传感器予以调整。采用真空式节气门阀的自动变速器,应采用减少节气门阀推杆长度的方法予以调整。若调整无效,应拆检主油路调压阀或节气门阀。

⑦用举升器将汽车升起,让驱动轮悬空,然后启动发动机,挂上前进挡,让自动变速器运转,同时测量调速器油压。

调速器油压应能随车速的升高而增大。将不同转速下测得的调速器油压与维修手册上的标准值进行比较。若油压值低于标准值,说明调速器有故障或调速器油路有泄漏。对此,应拆卸自动变速器,检查调速器固定螺栓有无松动、调速器油路上的各处密封圈或密封环有无磨损漏油、调速器阀芯有无卡滞或磨损过甚、调速弹簧是否太硬。

⑧若调速器油压正常,则升挡过迟的故障原因为换挡阀工作不良。对此,应拆检或更换阀板。

8.4.6 无前进挡

(1)故障现象

①汽车倒挡行驶正常,在前进挡时不能行驶。

②操纵手柄在D位时不能起步,在S位、L位(或2位、1位)时可以起步。

(2)故障原因

①前进离合器严重打滑。

②前进单向超越离合器打滑或装反。

③前进离合器油路严重泄漏。

④操纵手柄调整不当。

(3)故障诊断与排除

①检查操纵手柄的调整情况。如有异常,应按规定程序重新调整。

②测量前进挡主油路油压。若油压过低,说明主油路严重泄漏,应拆检自动变速器,更换前进挡油路上各处的密封圈和密封环。

③若前进挡的主油路油压正常,应拆检前进离合器。如摩擦片表面粉末冶金层有烧焦或磨损过甚,应更换摩擦片。

④若主油路油压和前进离合器均正常,则应拆检前进单向超越离合器,按照所述方法检查前进单向超越离合器的安装方向是否正确以及有无打滑。如有装反,应重新安装;如有打滑,应更换新件。

8.4.7 无超速挡

(1)故障现象

①在汽车行驶中,车速已升高至超速挡工作范围,但自动变速器仍不能从3挡换入超速挡。

②在车速已达到超速挡工作范围后,采用提前升挡(即松开加速踏板几秒后再踩下)的方法也不能使自动变速器升入超速挡。

(2)故障原因

①超速挡开关有故障。

②超速电磁阀有故障。

③超速制动器打滑。

④超速行星排上的直接离合器或直接单向超越离合器卡死。

⑤挡位开关有故障。

⑥液压油温度传感器有故障。

⑦节气门位置传感器有故障。

⑧3~4挡换挡阀卡滞。

(3)故障诊断与排除

①对电子控制自动变速器,应先进行故障自诊断,检查有无故障代码。液压油温度传感器、节气门位置传感器、超速电磁阀等部件的故障都会影响超速挡的换挡控制。按显示的故障代码查找故障原因。

②检查液压油温度传感器在不同温度下的电阻值,并与标准值进行比较。如有异常,应更换液压油温度传感器。

③检查挡位开关和节气门位置传感器的信号。挡位开关的信号应和操纵手柄的位置相符。

节气门位置传感器的电阻或输出电压应能随节气门的开大而上升,并与标准相符。如有异常,应予以调整。若调整无效,应更换挡位开关或节气门位置传感器。

④检查超速挡开关。在ON位置时,超速挡开关的触点应断开,超速指示灯不亮;在OFF位置时,超速挡开关的触点应闭合,超速指示灯亮起(图8.21)。如有异常,应检查电路或更换超速挡开关。

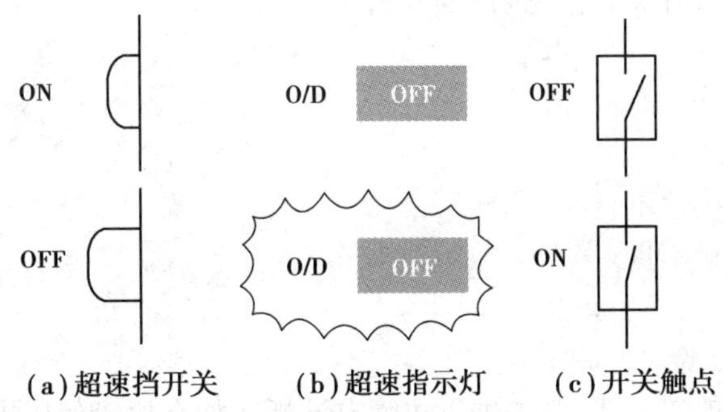

图8.21 超速指示灯示意图

⑤检查超速电磁阀的工作情况。打开点火开关,但不要启动发动机,在按下超速挡开关时,检查超速电磁阀有无工作的声音。如果超速电磁阀不工作,应检查控制线路或更换超速电磁阀。

⑥用举升器将汽车升起,让驱动轮悬空。

运转发动机,让自动变速器以前进挡工作,检查在空载状态下自动变速器的升挡情况。如果在空载状态下自动变速器能升入超速挡,且升挡车速正常,说明控制系统工作正常,不能升挡的故障原因为超速制动器打滑。在有负荷的状态下不能实现超速挡。如果能升入超速挡,但升挡后车速提不高,发动机转速下降,说明超速行星排中的直接离合器或直接单向超越离合器卡死,使超速行星排在超速挡状态下出现运动干涉,加大了发动机运转阻力。如果在无负荷状态下仍不能升入超速挡,说明控制系统有故障。对此,应拆卸阀板,检查3~4挡换挡阀。如有卡滞,可将阀芯拆下,予以清洗并抛光。如不能修复,应更换阀板总成。

8.4.8 无倒挡

(1)故障现象

汽车在前进挡能正常行驶,但在倒挡时不能行驶。

(2)故障原因

①操纵手柄调整不当。

②倒挡油路泄漏。

③倒挡及高挡离合器或低挡及倒挡制动器打滑。

(3)故障诊断与排除

①检查操纵手柄的位置。如有异常,应按规定程序重新调整。

②检查倒挡油路油压。若油压过低,则说明倒挡油路泄漏。对此,应拆检自动变速器,予以修复。

③若倒挡油路油压正常,应拆检自动变速器,更换损坏的离合器片或制动器片(制动带)。

8.4.9 频繁跳挡

(1)故障现象

汽车以前进挡行驶时,即使加速踏板保持不动,自动变速器仍会突然出现降低挡位现象。降挡后发动机转速异常升高,并产生换挡冲击。

(2)故障原因

①节气门位置传感器有故障。

②车速传感器有故障。

③控制系统电路接地不良。

④换挡电磁阀接触不良。

⑤电脑有故障。

(3)故障诊断与排除

①对电子控制自动变速器,应先进行故障自诊断。如有故障代码出现,按所显示的故障代码查找故障原因。

②测量节气门位置传感器。如有异常,应更换。

③测量车速传感器。如有异常,应更换。

④检查控制系统电路各条接地线的接地状态。如有接地不良现象,应予以修复。

⑤拆下自动变速器油底壳,检查各个换挡电磁阀线束接头的连接情况。如有松动,应予以修复。

⑥检查控制系统电脑各接线脚的工作电压。如有异常,应予以修复或更换。

⑦换一个新的阀板或电脑试一下。如果故障消失,说明原阀板或电脑损坏,应更换。

⑧更换控制系统所有线束。

8.4.10 挂挡后发动机怠速易熄火

(1)故障现象

①发动机怠速运转时将操纵手柄由P位或N位换入R、D、S、L位(或2位、1位)时发动机熄火。

②在前进挡或倒挡行驶中,踩下制动踏板停车时发动机熄火。

(2)故障原因

①发动机怠速过低。

②阀板中的锁止控制阀卡滞。

③挡位开关有故障。

④输入轴转速传感器有故障。

(3)故障诊断与排除

①在空挡或停车挡时,检查发动机怠速,正常的发动机怠速应为750 r/min。若怠速过低,

应重新调整。

②对电子控制自动变速器,应先进行故障自诊断,按所显示的故障代码查找故障原因。

③检查挡位开关信号,应与操纵手柄的位置相一致,否则应予以调整或更换。

④检查输入轴转速传感器。如有损坏,应更换。

⑤拆卸阀板,检查锁止控制阀。

如有卡滞,应清洗抛光后装复。如仍不能排除故障,应更换阀板。若油底壳内有大量摩擦粉末,应彻底分解自动变速器,予以检修。

8.4.11　无发动机制动

(1)故障现象

①在行驶中,当操纵手柄位于前进低挡(S、L 或 2、1)位置时,松开油门踏板,发动机转速降至怠速,但汽车没有明显减速。

②下坡时,操纵手柄位于前进低挡,但不能产生发动机制动作用。

(2)故障原因

①挡位开关调整不当。

②操纵手柄调整不当。

③2 挡强制制动器打滑或低挡及倒挡制动器打滑。

④控制发动机制动的电磁阀有故障。

⑤阀板有故障。

⑥自动变速器打滑。

⑦电脑有故障。

(3)故障诊断与排除

①对电子控制自动变速器,应先进行故障自诊断,按所显示的故障代码查找故障原因。

②做道路试验,检查加速时自动变速器有无打滑现象。如有打滑,应拆修自动变速器。

③如果操纵手柄位于 S 位时没有发动机制动作用,但操纵手柄位于 L 位时有发动机制动作用,则说明 2 挡强制制动器打滑,应拆修自动变速器。

④如果操纵手柄位于 L 位时没有发动机制动作用,但操纵手柄位于 S 位时有发动机制动作用,则说明低挡及倒挡制动器打滑,应拆修自动变速器。

⑤检查控制发动机制动的电磁阀线路有无短路或断路:电磁阀线圈电阻是否正常;通电后有无工作声音,如有异常,应修复或更换。

⑥拆卸阀板总成,清洗所有控制阀。阀芯如有卡滞可抛光后装复。如抛光后仍有卡滞,应更换阀板。

⑦检测电脑各接脚电压。要特别注意与节气门位置传感器、挡位开关连接的各接脚的电压。如有异常,应作进一步的检查。

⑧更换一个新的电脑试一下。如果故障消失,说明原电脑损坏,应更换。

8.4.12　不能强制降挡

(1)故障现象

当汽车以 3 挡或超速挡行驶时,突然将加速踏板踩到底,自动变速器不能立即降低一个挡位，致使汽车加速无力。

(2)故障原因

①节气门拉索或节气门位置传感器调整不当。

②强制降挡开关损坏或安装不当。

③强制降挡电磁阀损坏或线路短路、断路。

④阀板中的强制降挡控制阀卡滞。

(3)故障诊断与排除

①检查节气门拉索或节气门位置传感器的安装情况，如有异常，应按标准重新调整。

②检查强制降挡开关。在加速踏板踩到底时，强制降挡开关的触点应闭合；松开加速踏板时，强制降挡开关的触点应断开。如果加速踏板踩到底时强制降挡开关触点没有闭合，可用手直接按动强制降挡开关。

如果按下开关后触点能闭合，说明开关安装不当，应重新调整；如果按下开关后触点仍不闭合，说明开关损坏，应予以更换。

③对照电路图，在自动变速器线束插头处测量强制降挡电磁阀。如有异常，则故障原因可能是线路短路、断路或电磁阀损坏。对此，应检查线路或更换电磁阀。

④打开自动变速器油底壳，拆下强制降挡电磁阀，检查电磁阀的工作情况。如有异常，应予以更换。

⑤拆卸阀板总成，分解并清洗强制降挡控制阀，阀芯如有卡滞，可进行抛光。若无法修复，则应更换阀板总成。

8.4.13 无锁止

(1)故障现象

①汽车行驶中车速、挡位已满足锁止离合器起作用的条件，但锁止离合器仍没有产生锁止作用。

②汽车油耗较大。

(2)故障原因

①液压油温度传感器有故障。

②节气门位置传感器有故障。

③锁止电磁阀有故障或线路短路、断路。

④锁止控制阀有故障。

⑤变矩器中的锁止离合器损坏。

(3)故障诊断与排除

①对电子控制自动变速器，应先作故障自诊断，检查有无故障代码。如有故障代码则可按显示的故障代码查找相应的故障原因，与锁止控制有关的部件包括液压油温度传感器、节气门位置传感器、锁止电磁阀等。

②检查节气门位置传感器，如果在一定节气门开度下的节气门位置传感器输出电压过高或电位计电阻过大，应予以调整。若调整无效，应更换节气门位置传感器。

③打开油底壳,拆下液压油温度传感器。检测液压油温度传感器如不符合标准,应更换液压油温度传感器。

④测量锁止电磁阀。如有短路或断路,应检查电路。如电路正常,则应更换电磁阀。

⑤拆下锁止电磁阀,检查锁止电磁阀,如有异常,应予以更换。

⑥拆下阀板,分解并清洗锁止控制阀。如有卡滞,应抛光后装复。如不能修复,应更换阀板。

⑦若控制系统无故障,则应更换变矩器。

8.4.14　液压油易变质

(1)故障现象

①更换后的新液压油使用不久即变质。

②自动变速器温度太高,从加油口处向外冒烟。

(2)故障原因

①汽车使用不当,经常超负荷行驶,如经常用于拖车或经常急加速、超速行驶等。

②液压油散热器管路堵塞。

③通往液压油散热器的限压阀卡滞。

④离合器或制动器自由间隙太小。

⑤主油路油压太低,离合器或制动器在工作中打滑。

(3)故障诊断与排除

①让汽车以中低速行驶 5~10 min,待自动变速器达到正常工作温度后,在发动机运转过程中检查自动变速器液压油散热器的温度。在正常情况下,液压油散热器的温度可达 60 ℃左右。

②若液压油散热器的温度过低,说明油管堵塞,或通往液压油散热器的限压阀卡滞。这样,液压油得不到及时的冷却,油温过高,导致变质。

③若液压油散热器的温度太高,说明离合器或制动器自由间隙太小。对此,应拆卸自动变速器,予以调整。

④若液压油温度正常,应测量主油路油压,若油压太低,应检查节气门拉索或节气门位置传感器的调整情况。

若节气门拉索或节气门位置传感器安装正常,应拆卸自动变速器,检查油泵是否磨损过甚、阀板内的主油路调压阀和节气门阀有无卡滞、主油路有无漏油处。

⑤若上述检查均正常,则故障可能是汽车经常超负荷行驶所致,或未按规定使用合适牌号的液压油所致。对此,可将液压油全部放出,加入规定牌号和数量的液压油。

任务实训

根据任务要求,在实训场地准备好设备及工具等,以小组讨论的方式制订详细的工作计划或操作流程(工序),对小组成员进行合理分工,实施计划,完成相关任务并记录。

<table>
<tr><td>任　务</td><td colspan="5">常见故障的诊断与排除</td></tr>
<tr><td>姓　名</td><td></td><td>班　级</td><td></td><td>学　号</td><td></td></tr>
<tr><td>实训场地</td><td></td><td>学　时</td><td></td><td>日　期</td><td></td></tr>
<tr><td>设备及工具</td><td colspan="5"></td></tr>
<tr><td>小组成员及分工</td><td colspan="5"></td></tr>
<tr><td colspan="5">工作计划（操作流程或工序）</td><td>结　果</td></tr>
<tr><td colspan="5"></td><td></td></tr>
<tr><td colspan="6">根据结果写出体会或学习计划</td></tr>
<tr><td colspan="6"></td></tr>
</table>

任务练习

一、填空题

1.节气门位置传感器有故障可能导致__________和__________等常见故障现象。

2.自动变速器的汽车无前进挡,可能的原因有__________、__________、__________、__________等。

二、问答题

1.简述自动变速器无超速挡的故障原因。

2.试分析自动变速器换挡冲击大的可能原因。

参考文献

[1] 朱迅,李晓.自动变速器构造与维修[M].北京:人民邮电出版社,2015.

[2] 杨海鹏.汽车自动变速器原理与维修[M].北京:北京理工大学出版社,2011.

[3] 刘春晖,梁玉国.汽车自动变速器构造与检修[M].北京:机械工业出版社,2017.

[4] 王永生.汽车自动变速器一体化实训教程[M].北京:机械工业出版社,2017.

[5] 赵国富,赵阳.自动变速器结构原理与维修[M].2 版.北京:机械工业出版社,2015.